# 新时代媒体深度融合理论和实践路径研究

丁茂战　主　编

石伟　李莹　副主编

中国言实出版社

图书在版编目（CIP）数据

新时代媒体深度融合理论和实践路径研究 / 丁茂战主编 . -- 北京 : 中国言实出版社 , 2021.4

ISBN 978-7-5171-2917-2

Ⅰ . ①新… Ⅱ . ①丁… Ⅲ . ①传播媒介—研究—中国 Ⅳ . ①G219.2

中国版本图书馆 CIP 数据核字（2021）第 049130 号

出 版 人　王昕朋
责任编辑　肖　彭
　　　　　张　朕
责任校对　赵　歌

出版发行　中国言实出版社
地　址：北京市朝阳区北苑路 180 号加利大厦 5 号楼 105 室
邮　编：100101
编辑部：北京市海淀区花园路 6 号院 B 座 6 层
邮　编：100088
电　话：64924853（总编室）　64924716（发行部）
网　址：www.zgyscbs.cn
E-mail：zgyscbs@263.net
经　销　新华书店
印　刷　北京温林源印刷有限公司
版　次　2021 年 4 月第 1 版　2021 年 4 月第 1 次印刷
规　格　880 毫米 × 1230 毫米　1/32　7.5 印张
字　数　116 千字
定　价　35.00 元　ISBN 978-7-5171-2917-2

# 媒体深度融合发展<br>是大势所趋时代所向

## （代序）

做好新闻舆论工作，事关旗帜和道路，事关贯彻落实党的理论和路线方针政策，事关顺利推进党和国家各项事业，事关全党全国各族人民凝聚力和向心力，事关党和国家前途命运。推动媒体融合发展是新闻舆论工作的重要组成部分，地位十分突出。党的十八大以来，习近平总书记围绕推进媒体融合发展提出了一系列重要论述，作出了一系列重要指示，为新形势下推动媒体深度融合发展、构建全媒体传播体系提供了根本遵循。特别是2019年1月25日，中共中央政治局专门以全媒体时代和媒体融合发展为主题举行了第十二次集体学习，习近平总书记主持学习并发表重要讲话。他强调，“推动媒体融合发展、建设全媒体成为我们面临的一项紧迫课题。要运用信息革命成果，推动媒体融合向纵深发展，做大做强主流舆论，巩固全党全国人民团结奋斗的共同思想基础，为实现‘两个一百年’奋斗目标、实现中华民族伟大复兴的中国梦提供强大精神力量和舆论支持。”2020年9月，中共中央办公厅、国务院办公厅印发了《关于加快推进媒体深度融合发展的意见》，从重要意义、目标任务、工作原则三个方面明确了媒体深度融合发展的总体要求，为推动这项工作提供了制度依据。

当今世界，互联网继续蓬勃发展，正在媒体领域催生一场前所未有的变革。信息无处不在、无所不及、无人不用，全程媒体、全息媒体、全员媒体、全效媒体开始出现，导致舆论生态、媒体格局、传播方式发生深刻变化，给新闻舆论工作带来新的挑战和机遇。全媒体时代已经来临，媒体融合发展已经不是愿不愿意的问题，而是必须要做出高水平的问题。可以说，媒体深度融合发展是一场不容回避的媒体自我革命，是不以人的意志为转移的大趋势，是时代潮流，适者生存、不适者被淘汰。在这场变革中，谁反应快、行动快，谁就能占据主动；谁犹豫不决、麻木不仁，谁就会被边缘化甚至被时代抛弃。简言之，媒体深度融合发展是大势所趋、时代所向。

我们要因势而谋、应势而动、顺势而为，深刻认识全媒体时代推进媒体深度融合发展的重要性紧迫性，坚持正能量是总要求、管得住是硬道理、用得好是真本事，坚持正确方向，坚持一体发展、移动优先、科学布局，坚持改革创新，推动传统媒体和新兴媒体在体制机制、政策措施、流程管理、人才技术等方面加快融合步伐，尽快建成一批具有强大影响力和竞争力的新型主流媒体，逐步构建网上网下一体、内宣外宣联动的主流舆论格局，建立以内容建设为根本、先进技术为支撑、创新管理为保障的全媒体传播体系。

我们要推动主力军全面挺进主战场，以互联网思维优化资源配置，做大做强网络平台，占领新兴传播阵地。要坚持以人民为中心的工作导向，走好全媒体时代群众路线，强化媒体与受众的连接，以开放平台吸引广大用户参与信息生产传播；要以先进技术引领驱动融合发展，用好5G、大数据、云计算、物联网、区块链、人工智能等信息技术革命成果，加强新技术在新闻传播领域的前瞻性研究和应用，推动关键核心技术自主创新；要更加注重网络内容建设，始终保持内容定力，专注内容质量，扩大优质内容产能，创新内容表现形式，提升内容传播效果。同时，要深化主流媒体体制机制改革，建立适应全媒体生产传播的一体化组织架构，构建新型采编流程，形成集约高效的内容生产体系和传播链条；充分发挥市场机制作用，增强主流媒体的市场竞争意识和能力，探索运营模式，创新媒体投融资政策，增强自我造血机能；要按照资源集约、结构合理、差异发展、协同高效的原则，完善中央媒体、省级媒体、市级媒体和县级融媒体中心四级融合发展布局。还要大力培养全媒体人才，优化人才队伍结构，实行更加积极、开放、有效的人才引进政策，提高主流媒体人才吸引力和竞争力。

本书主编丁茂战同志长期从事咨询研究工作，先后担任原国家行政学院研究室主任、信息技术部主任、中央党校（国家行政学院）报刊社总编辑等职务，对媒体深度融合发展具有比较深入的研究和把握。此书是2019—2020年度中国行政体制改革研究会行政改革研究基金课题《习近平关于媒体深度融合论述和实践路径研究》的结项成果。全书围绕习近平总书记关于媒体深度融合发展的系列重要讲话精神，分别从媒体深度融合发展的意义、背景 、现状、问题、实践路径等方面进行了深入阐述，对巩固壮大主流思想舆论、构建全媒体对外传播格局、展望5G时代融媒体景象等问题进行了深入分析，内容充实、语言流畅，是对媒体融合发展领域研究的重要探索成果。

本书即将付梓之际，应邀写了以上文字。是为序。

魏礼群

2021 年 1 月 20 日

# 目　录

# 引 论

党的十八大以来，以习近平同志为核心的党中央深刻把握时代发展大势和媒体发展规律，持续推进传统媒体和新兴媒体融合发展，不断加强主流媒体网络阵地建设。党的十九大提出，要高度重视传播手段建设和创新，提高新闻舆论传播力、引导力、影响力、公信力。加强互联网内容建设，建立网络综合治理体系，营造清朗的网络空间。党的十九届四中全会指出，要坚持马克思主义在意识形态领域指导地位的根本制度，建设和用好网络平台，构建网上网下一体的主流舆论格局，建立全媒体传播体系。党的十九届五中全会进一步指出，推进媒体深度融合，实施全媒体传播工程，做强新型主流媒体。推进融媒体发展，建立全媒体传播体系，做大做强主流舆论，关键是加快主流媒体进军网上的步伐。

## 互联网正在媒体领域催发一场前所未有的变革

科学技术是第一生产力，也是媒体传播变革的决定性因素。习近平总书记指出，信息革命是一场改变人类历史发展进程的科技革命，引领着经济社会各领域各方面的进步与变革，推动当今世界进入信息化社会和全媒体时代，给意识形态工作和新闻舆论工作带来了全方位、深层次的影响。

互联网技术发展带来的是无限的信息海洋。根据中国互联网络信息中心（CNNIC）发布的第46次《中国互联网络发展状况统计报告》，截至2020年6月底，我国网民规模达到9.40亿人，手机网民规模达到9.32亿，网民使用手机上网的比例达到99.2%，平均每周上网时间28个小时，网络新闻已经成为用户获取资讯的主要手段。随着互联网的普及，网络平台正在成为信息传播的主渠道、人民群众获取信息的主阵地。微博、微信、短视频等应用具有了媒体属性，特别是随着5G技术和物联网的发展普及，万物互联、万物皆屏、万物皆媒体将逐步成为现实，信息传播渠道更多、覆盖更广、速度更快。

互联网媒体具有“去中心化”的特征。微信公众号、微博、抖音、快手等新媒体已经成为网民获取信息的重要渠道。2019 年，单中国微信 500 强群体就推送了 98.3 万篇图文，收获超过 381 亿次阅读。以往的媒介传播更多的是我说你听、由上到下、从点到面的单向传播，现在则趋向于双向多点传播、互动式裂变式传播。伴随智能终端的普及，不仅人人都是听众、观众，而且个个可以通过社交媒体生产信息、传播信息。

网络媒体的快速发展，为党的声音走进千家万户拓展了新的渠道，为人们获取信息、丰富文化生活提供了新的平台，同时也冲击了主流媒体的优势地位，一定程度上削弱了主流舆论的影响力、引导力。如何在互联网时代做强主流媒体、占据主导地位，牢牢掌握舆论场上的主动权、话语权，是我们面临的一个紧迫课题。

## 建设与网络技术发展相匹配的主流媒体生态

面对网络技术发展的滚滚洪流，我国的网络媒体建设迈出了较大步伐。主流媒体不断开拓网上媒体空间，积极推进线下线上融合发展。各地县级融媒体建设扎实推进，全媒体建设取得积极进展。但是也应看到，融合不够等问题尚未得到根本解决，一些主流媒体进军网上力度不够，建设与网络技术水平相匹配的主流媒体生态依然任重道远。

这突出表现在，一是线上发展力度偏弱。一些主流媒体原创内容建设滞后，照搬照抄报纸期刊、广播电视、图书等内容，甘当“二传手”；一些主流媒体把互联网当渠道、新媒体当副业，把进军网上等同于简单“相加”，在机制建设上止步于在现有采编架构之外单设一个新媒体部门，甚至于在经营管理上方向导向出现偏差，对合作把关不严，让商业网站变相介入选题策划、采访制作，片面追求流量和点击率。二是线下高效集约发展不够。面对受众规模此消彼长的新形势，一些以纸媒为主体的主流媒体适应性变革滞后，思想认识不到位，存在畏难情绪、闯劲不足、工作推进不深入，甚至以缺技术、缺资金、缺人才为借口，坐着等政策、等资金、等项目。三是线下线上“两张皮”问题突出。传统媒体和新兴媒体不是谁主谁次、谁强谁弱。一些主流媒体网上“强”不起来，主要在于内容建设和融合发展方面的线下线上“两张皮”。在人员“身份”属性、薪酬待遇等方面，尚未寻得根本突破和机制变革，各类人才的积极性、主动性、创造性未能充分迸发和涌流。

互联网作为划时代的工具，推动人类进行新的传播革命，推动我们进入全媒体时代，新闻舆论工作面临新的挑战和机遇。要运用信息革命成果，推动媒体融合向纵深发展，做大做强主流舆论，巩固全党全国人民团结奋斗的共同思想基础。习近平总书记在主持第十九届中央政治局第十二次集体学习时强调，面对信息化发展的历史机遇，我们要因势而谋、应势而动、顺势而为，加快推动媒体融合发展，使主流媒体具有强大传播力、引导力、影响力、公信力，形成网上网下同心圆，使全体人民在理想信念、价值理念、道德观念上紧紧团结在一起。为此，必须坚持一体化发展方向，打造一批具有强大影响力、竞争力的新型主流媒体；坚持移动优先策略，让主流媒体借助移动传播牢牢占据传播制高点；探索人工智能的运用，全面提高舆论引导能力；统筹处理好传统媒体和新兴媒体等的关系，形成全媒体传播体系，不断扩大主流价值影响力版图。

## 主流媒体进军网络的几个着力点

党的十八大以来，习近平总书记深刻阐述了主流媒体进军网上、推动融媒体发展、做大做强主流舆论的一系列战略性问题。这为主流媒体向网上进军提出了标准、指明了目标和路径。在互联网已经成为舆论斗争的主战场的情况下，主流媒体必须顺应大势，把互联网作为主阵地、主力军放在主战场，使互联网这个最大变量变成事业发展的最大增量，让网络空间成为我们党凝聚共识的新空间。

把做强原创内容作为突破口。打造一批形态多样、手段先进、具有竞争力的新型主流媒体，推动传统媒体和新兴媒体融合发展，应遵循新闻传播规律和新兴媒体发展规律，适应分众化、差异化传播趋势，善于设置议题，增强舆论引导的主动性。如果在内容建设上始终定位于“集成”，定位于当纸质媒体的“副手”“配角”“二传手”，始终是线下线上“一手硬一手软”，就不可能真正做强主流媒体。为此，要把打造原创作品、形成原创比较优势作为主流媒体进军网上的“先手棋”，努力变“二传手”的转发平台为以原创文章为核心竞争力的融媒体平台，大力提高网上宣传质量和水平，牢牢掌握舆论场主动权和主导权。

着力抓好传统媒体集约化发展。目前，主流媒体面临的主要结构性问题，一方面是线上内容建设不够，没有发挥出应有的作用，另一方面是线下集约化程度不够，没有很好顺应媒体转型发展的大势。媒体融合发展不是要保护落后，对一些已经失去受众的传统媒体，没有必要再打“强心针”、做“人工呼吸”，要做实事求是的调研和评估，对于“僵尸”媒体应该壮士断腕坚决予以清退。主流媒体应以更高的标准聚力向网上进军，按照现代化、科学化、集约化要求完善自身的治理体系。

聚焦做好“融合”这篇大文章。加快构建融为一体、合而为一的全媒体传播格局，必须从体制机制上进行深度变革。一是流程优化和平台再造，建立全媒体内容生产整体框架，将分散在报、台、网、端、微等平台的采编力量集中起来，建立“一个进口、多个出口”的信息资源采集和编发流程，建立和强化中央厨房的地位，统一向线上线下各种媒体平台分发和配送，各媒体平台再根据自身传播特点对内容进行加工和再造。二是实现采编队伍身份融合，探索消除体制内外身份差异的壁垒，按照贡献和能力确定统一的薪酬和晋级制度。三是统一文稿报酬机制，按照线上线下同样重要的定位，对于线上原创内容给予同等激励，在职称评定等方面享受同等待遇。

抓住组织领导这个关键。媒体融合发展是一个系统工程，涉及方方面面，要有危机感、紧迫感，要有强大的内生动力，积极主动探索，取得突破见到成效。目前，一些地方和单位的工作推进之所以缓慢，很大程度上在组织领导方面。主流媒体向网上进军做得怎么样，机制创新如何，考验的是领导干部的责任意识、担当意识。各级地方党委政府应着眼于建立现代传播体系，形成舆论引导新格局，统筹规划本地区的媒体发展布局和重点，从政策、资金、人才等方面加大对媒体融合发展的支持力度。主流媒体应从自身特点和资源禀赋出发加强组织领导，实施源头治理、拿出硬性规定，作出具体安排、提出明确要求，切实堵住懒政和不作为的后路。

# 第一章　新时代推动媒体深度融合发展的四大维度

2019 年 1 月 25 日，中共中央政治局就全媒体时代和媒体融合发展举行第十二次集体学习。习近平总书记主持学习并发表重要讲话。他强调，“我们要立足形势发展，坚定不移推动媒体深度融合。”当前，世界正处于百年未有之大变局，我国正处在实现中华民族伟大复兴的关键时期，新的机遇和挑战并存。伴随着信息社会不断发展，新兴媒体影响越来越大。新闻客户端和各类社交媒体成为很多干部群众特别是年轻人的第一信息源，而且每个人都可以成为信息源。信息无处不在、无所不及、无人不用，全程媒体、全息媒体、全员媒体、全效媒体开始出现，导致舆论生态、媒体格局、传播方式发生深刻变化，新闻舆论工作面临新的挑战。传统媒体和新兴媒体深度融合发展，构建全媒体传播格局，就成为大势所趋，人心所向。

事物发展是遵循一定规律的，可以“势”“道”“术”“行”四个维度来认识把握。势，是形势背景，为事物发展提供了外在氛围和条件基础；道，是理念道理，为事物发展提供了旗帜方向；术，是方略布局，为事物发展提供了战略性的格局安排；行，是行动举措，为事物发展提供了具体路径。基于此，新时代推动媒体深度融合发展，我们可以从事物发展的“势”“道”“术”“行”四个维度来把握：一是顺应事物发展之“势”，深刻认识当前媒体融合的形势背景；二是立足事物发展之“道”，深入学习习近平总书记关于媒体深度融合的系列重要论述精神；三是把握事物发展之“术”，统揽规划当前媒体融合的方略布局；四是丰富事物发展之“行”，着力做实当前媒体融合的具体措施。

## 一、顺应事物发展之“势”，深刻认识当前媒体融合的形势背景

事物不是孤立发展的，都需要外界的条件基础的配合。当前我国媒体融合发展，也要充分考虑我们所处的世情党情国情政情社情，顺应事物发展之“势”，深刻认识外界的形

势背景。

从国内外大势上看，当前世界正处于百年未有之大变局，我国正处在实现中华民族伟大复兴的关键时期。一方面，着眼世界，“一个相对较长的历史时期深刻影响人类历史发展方向和进程的世界大发展、大变化、大调整、大转折、大进步。”全球化进程百年之变，世界范围的商品大流通、贸易大繁荣、投资大便利、技术大发展、人员大流动、信息大传播不断深入发展，深刻影响着当今世界的发展模式、交往模式、思维模式和治理模式。世界经济格局百年之变，随着一大批新兴大国和发展中国家快速崛起，延续几个世纪的“大西洋时代”已经演变为大西洋和太平洋“两洋”并举并重的新时代。国际权力格局百年之变，伴随世界经济重心的逐步多元，国际力量对比更趋均衡的态势更加明显，多极化进程继续稳步向前推进，特别是亚非拉第三世界国家在实现政治独立开始全面追求发展和复兴，在国际体系中的地位和影响力也在逐步提高。全球治理体系及治理规则百年之变，随着全球治理主体和议题更加多元，以及全球治理规则和理念加速演变，长期以来以发达国家“治人”发展中国家“治于人”的全球治理格局也出现了新的变化趋向。人类文明及交往模式百年之变，一大批新兴国家开始成为知识、技术、信息的生产源和传播源，在方兴未艾的新技术、新产业革命中不断崭露头角，同时伴随中国特色社会主义的不断发展完善和一些转轨国家在制度上的不断探索，世界范围的思想、观念、制度、模式也呈现出日益多元的格局。[①]

另一方面，着眼国内，我们党领导的伟大斗争、伟大工程、伟大事业、伟大梦想正在如火如荼进行，改革发展稳定任务艰巨繁重，我们面临着难得的历史机遇，也面临着一系列重大风险考验。中华民族伟大复兴，绝不是轻轻松松、敲锣打鼓就能实现的。当前和今后一个时期，我国发展进入各种风险挑战不断积累甚至集中显露的时期，面临的重大斗争不会少，经济、政治、文化、社会、生态文明建设和国防和军队建设、港澳台工作、外交工作、党的建设等方面都有，而且越来越复杂。新时代改革开放具有许多新的内涵和特点，其中很重要的一点就是制度建设分量更重，改革更多面对的是深层次体制机制问题，对改革顶层设计的要求更高，对改革的系统性、整体性、协同性要求更强，相应地建章立

① 罗建波:《从全局高度理解和把握世界百年未有之大变局》,《学习时报》2019 年 6 月 7 日。

制、构建体系的任务更重。新时代谋划全面深化改革，必须以坚持和完善中国特色社会主义制度、推进国家治理体系和治理能力现代化为主轴，深刻把握我国发展要求和时代潮流，把制度建设和治理能力建设摆到更加突出的位置，继续深化各领域各方面体制机制改革，推动各方面制度更加成熟更加定型，推进国家治理体系和治理能力现代化。

从媒体融合发展的具体形势来看，包括互联网发展的新变化、新一代信息技术发展等内容。一方面，在互联网新变化新发展方面，第 46 次《中国互联网络发展状况统计报告》显示，截至 2020 年 6 月，我国网民规模达 9.40 亿，较 2020 年 3 月增长 3625 万，互联网普及率达 67.0%，较 2020 年 3 月提升 2.5 个百分点。我国手机网民规模达 9.32 亿，网民使用手机上网的比例达 99.2%。截至 2020 年 6 月，在线教育用户规模达 3.81 亿，占网民整体的 40.5%；在线医疗用户规模达 2.76 亿，占网民整体的 29.4%；远程办公用户规模达 1.99 亿，占网民整体的 21.2%。网络零售用户规模达 7.49 亿，占网民整体的 79.7%。截至 2020 年 6 月，我国网民规模已经达到 9.40 亿，相当于全球网民的五分之一。互联网普及率为 67.0%，约高于全球平均水平 5 个百分点。①

另一方面，在新一代信息技术发展方面。当前，新一代信息技术日新月异，新一轮科技革命和产业变革蓬勃推进，信息产业快速发展，对经济发展、社会进步、人民生活等方面产生重大而深远影响，极大地推动了各国社会生产力的发展和生产关系的重塑，显著地改变着政府、市场和社会的关系，使人类社会正在逼近新一轮变革的临界点。随着5G、大数据、云计算、物联网、人工智能等技术不断发展，移动媒体将进入加速发展新阶段。以人工智能为例，人工智能是引领新一轮科技革命和产业变革的战略性技术，具有溢出带动性很强的“头雁”效应。在移动互联网、大数据、超级计算、传感网、脑科学等新理论新技术的驱动下，人工智能加速发展，呈现出深度学习、跨界融合、人机协同、群智开放、自主操控等新特征，正在对经济社会发展的许多方面产生积极的促进作用。以区块链为例，区块链是分布式数据存储、点对点传输、共识机制、加密算法等计算机技术的新型应用模式。区块链技术的集成应用在新的技术革新和产业

---

①《第46次中国互联网络发展状况统计报告》，http://www.gov.cn/xinwen/2020-09/29/content_5548176.htm，登录时间2020年9月29日。

变革中起着重要作用。现在，相关技术应用已延伸到数字金融、物联网、智能制造、供应链管理、数字资产交易等多个领域。目前，全球主要国家都在加快布局区块链技术发展。在我国，在一系列的政策扶持下，区块链技术正迅速发展并与各行各业开始深度融合。

正是在国内外大势和媒体融合发展的具体形势的综合作用之下，移动互联网已经成为信息传播主渠道，移动媒体、媒体智能化进入快速发展阶段，媒体技术迭代升级更快。传统媒体和新兴媒体深度融合发展，构建全媒体传播格局，就成为大势所趋，人心所向。这是一场不容回避的媒体发展革命，是不以人的意志为转移的大趋势，是适者生存、不适者被淘汰的大考验。在这场变革中，谁反应快、行动快，谁就能占据主动；谁犹豫不决、麻木不仁，谁就会被边缘化甚至愈发落后于时代。我们要因势而谋、应势而动、顺势而为，主动顺应事物发展之“势”，深刻认识当前媒体融合的形势背景。

## 二、立足事物发展之“道”，深入学习习近平总书记关于媒体深度融合的系列重要论述精神

马克思指出，“理论一经掌握群众，也会变成物质的力

量。”理论的最大价值在于武装群众、指导实践。当前，我国媒体迎来了快速发展的重要战略机遇期，传统媒体和新兴媒体迭代发展的势头很强。实践越发展，就越需要理论的指引。党的十八大以来，围绕媒体深度融合，习近平总书记在媒体发展的关键时刻、关键节点，亲自谋篇布局、着力推进，发表了一系列重要论述，从“道”的战略高度，为新时代推动媒体深度融合发展提供了根本遵循，指明了前进方向。

2013 年 8 月 19 日，习近平出席全国宣传思想工作会议并发表重要讲话。他强调，经济建设是党的中心工作，意识形态工作是党的一项极端重要的工作。宣传思想工作一定要把围绕中心、服务大局作为基本职责，胸怀大局、把握大势、着眼大事，找准工作切入点和着力点，做到因势而谋、应势而动、顺势而为。

2014 年 8 月 18 日，习近平总书记主持召开中央全面深化改革领导小组第四次会议并发表重要讲话。会议审议通过了《关于推动传统媒体和新兴媒体融合发展的指导意见》。他强调，推动传统媒体和新兴媒体融合发展，要遵循新闻传播规律和新兴媒体发展规律，强化互联网思维，坚持传统媒体和新兴媒体优势互补、一体发展，坚持先进技术为支撑、内容建设为根本，推动传统媒体和新兴媒体在内容、渠道、平台、经营、管理等方面的深度融合，着力打造一批形态多样、手段先进、具有竞争力的新型主流媒体，建成几家拥有强大实力和传播力、公信力、影响力的新型媒体集团，形成立体多样、融合发展的现代传播体系。要一手抓融合，一手抓管理，确保融合发展沿着正确方向推进。

2016 年 2 月 19 日，习近平总书记主持召开党的新闻舆论工作座谈会。他强调，党的新闻舆论工作是党的一项重要工作，是治国理政、定国安邦的大事，要适应国内外形势发展，从党的工作全局出发把握定位，坚持党的领导，坚持正确政治方向，坚持以人民为中心的工作导向，尊重新闻传播规律，创新方法手段，切实提高党的新闻舆论传播力、引导力、影响力、公信力。

2017 年 2 月 6 日，习近平总书记主持召开中央全面深化改革领导小组第三十二次会议并发表重要讲话。会议审议通过了《关于深化中央主要新闻单位采编播管岗位人事管理制度改革的试行意见》。会议强调，要深化中央主要新闻单位采编播管岗位人事管理制度改革，统筹配置编制资源，开展人员编制总量管理试点，深化人事薪酬制度改革，完善考核评价和退出机制，增强新闻舆论工作队伍事业心、归属感、忠诚度，为新闻事业长远健康发展提供坚实有力的人才支撑。

2018 年 4 月 20 日，习近平总书记出席网络安全和信息化工作座谈会并发表重要讲话。他强调，信息化为中华民族带来了千载难逢的机遇。我们必须敏锐抓住信息化发展的历史机遇，加强网上正面宣传，维护网络安全，推动信息领域核心技术突破，发挥信息化对经济社会发展的引领作用，加强网信领域军民融合，主动参与网络空间国际治理进程，自主创新推进网络强国建设，为决胜全面建成小康社会、夺取新时代中国特色社会主义伟大胜利、实现中华民族伟大复兴的中国梦作出新的贡献。

2018 年 8 月 21 日，习近平总书记出席全国宣传思想工作会议并发表重要讲话。他强调，完成新形势下宣传思想工作的使命任务，必须以新时代中国特色社会主义思想和党的十九大精神为指导，增强“四个意识”、坚定“四个自信”，自觉承担起举旗帜、聚民心、育新人、兴文化、展形象的使命任务，坚持正确政治方向，在基础性、战略性工作上下功夫，在关键处、要害处下功夫，在工作质量和水平上下功夫，推动宣传思想工作不断强起来，促进全体人民在理想信念、价值理念、道德观念上紧紧团结在一起，为服务党和国家事业全局作出更大贡献。

2019 年 1 月 25 日，中共中央政治局就全媒体时代和媒体融合发展举行第十二次集体学习。习近平总书记在主持学习时强调，推动媒体融合发展、建设全媒体成为我们面临的一项紧迫课题。要运用信息革命成果，推动媒体融合向纵深发展，做大做强主流舆论，巩固全党全国人民团结奋斗的共同思想基础，为实现“两个一百年”奋斗目标、实现中华民族伟大复兴的中国梦提供强大精神力量和舆论支持。

总的来说，习近平总书记关于媒体深度融合的系列重要论述是一个完整的思想体系，科学回答了新时代媒体融合发展的一系列根本性、战略性、全局性重大问题，包括以下一些内容：

**第一，关于媒体深度融合发展的意义。**习近平总书记指出，“伴随着信息社会不断发展，新兴媒体影响越来越大。……新闻客户端和各类社交媒体成为很多干部群众特别是年轻人的第一信息源，而且每个人都可能成为信息源。……推动媒体融合发展、建设全媒体就成为我们面临的一项紧迫课题。”要深刻认识全媒体时代的挑战和机遇，我们要加快推动媒体融合发展，使主流媒体具有强大传播力、引导力、影响力、公信力，形成网上网下同心圆，使全体人民在理想信念、价值理念、道德观念上紧紧团结在一起，让正能量更强劲、主旋律更高昂。

**第二，关于形成资源集约、结构合理、差异发展、协同高效的全媒体传播体系。**习近平总书记指出，“要抓紧做好顶层设计，打造新型传播平台，建成新型主流媒体，扩大主流价值影响力版图，让党的声音传得更开、传得更广、传得更深入。”“推动媒体融合发展，要统筹处理好传统媒体和新兴媒体、中央媒体和地方媒体、主流媒体和商业平台、大众化媒体和专业性媒体的关系，不能搞‘一刀切’、‘一个样’。要形成资源集约、结构合理、差异发展、协同高效的全媒体传播体系。”

**第三，关于媒体深度融合发展中互联网的作用。**习近平总书记指出，“网络空间已经成为人们生产生活的新空间，那就也应该成为我们党凝聚共识的新空间。移动互联网已经成为信息传播主渠道。随着 5G、大数据、云计算、物联网、人工智能等技术不断发展，移动媒体将进入加速发展新阶段。要坚持移动优先策略，建设好自己的移动传播平台，管好用好商业化、社会化的互联网平台，让主流媒体借助移动传播，牢牢占据舆论引导、思想引领、文化传承、服务人民的传播制高点。”

**第四，关于媒体深度融合发展中主流媒体的作用。**习近平总书记指出，“主流媒体守土有责，更要守土尽责，及时提供更多真实客观、观点鲜明的信息内容，牢牢掌握舆论场主动权和主导权。主流媒体要敢于引导、善于疏导，原则问题要旗帜鲜明、立场坚定，一点都不能含糊。”

**第五，关于法治化推动媒体深度融合发展。**习近平总书记指出，“要使全媒体传播在法治轨道上运行，对传统媒体和新兴媒体实行一个标准、一体管理。”

**第六，关于做好媒体深度融合发展的配套工作。**习近平总书记指出，“各级党委和政府要从政策、资金、人才等方面加大对媒体融合发展的支持力度。各级宣传管理部门要改革创新管理机制，配套落实政策措施，推动媒体融合朝着正确方向发展。各级领导干部要增强同媒体打交道的能力，不断提高治国理政能力和水平。”

## 三、把握事物发展之“术”，统揽规划当前媒体融合的方略布局

从顶层设计的角度，要统揽规划当前媒体融合的方略布局，打造新型传播平台，建成新型主流媒体，扩大主流价值影响力版图，让党的声音传得更开、传得更广、传得更深入。在媒体深度融合发展方面，要统筹处理好传统媒体和新兴媒体、中央媒体和地方媒体、主流媒体和商业平台、大众化媒体和专业性媒体的关系，不能搞“一刀切”“一个样”。要形成资源集约、结构合理、差异发展、协同高效的全媒体传播体系。

**第一，要旗帜鲜明坚持正确的政治方向、舆论导向、价值取向。**在媒体深度融合发展上，要坚持正确政治方向，站稳政治立场，坚定宣传党的理论和路线方针政策，坚定宣传党中央决策部署，坚定宣传党中央关于形势的重大分析判断，坚决同党中央保持高度一致，坚决维护党中央权威和集中统一领导，提高新闻舆论传播力、引导力、影响力、公信力，巩固壮大主流思想舆论。要加强传播手段和话语方式创新，让党的创新理论“飞入寻常百姓家”。要坚持党管媒体

原则，不能说只管党直接掌握的媒体。党管媒体是把各级各类媒体都置于党的领导之下，这个领导不是“隔靴搔痒式”领导，方式可以有区别，但不能让党管媒体的原则被架空。同时，也要进行供给侧结构性改革，通过理念、内容、形式、方法、手段等创新，使正面宣传质量和水平有一个明显提高。

**第二，要尽快从相“加”阶段迈向相“融”阶段。**融合发展关键在融为一体、合而为一。从目前情况看，我国媒体融合发展整体优势还没有充分发挥出来。媒体融合发展存在着“媒体融合简单化，媒体融合行政化，媒体融合极端化”等问题。[①]有鉴于此，要坚持一体化发展方向，推动从相加迈向相融，通过流程优化、平台再造，实现各种媒介资源、生产要素有效整合，实现信息内容、技术应用、平台终端、管理手段共融互通，催化融合质变，放大一体效能，打造一批具有强大影响力、竞争力的新型主流媒体。从“你是你、我是我”变成“你中有我、我中有你”，进而变成“你就是我、我就是你”。融合发展既要尊重新闻传播规律，也要尊

---

① 张文君:《推进媒体从形式融合到实质融合》,《北京日报》2018年11月26日。

重技术发展规律，既不能简单混合，也不能机械结合，更不能生硬捏合。要构建适应融媒体生产的采编发网络和采编发流程，精心设置组织架构，建立以新媒体生产和传播为核心的一体化运行机制，形成“一次采集、多种产品、多媒体传播”的工作格局。[①]

**第三，要统筹处理好传统媒体和新兴媒体、中央媒体和地方媒体、主流媒体和商业平台、大众化媒体和专业性媒体的关系。**特别是传统媒体和新兴媒体，不是取代关系，而是迭代关系；不是谁主谁次，而是此长彼长；不是谁强谁弱，而是优势互补。“目前，我国共有报纸 1800 多种，期刊 10000 余种，广播电视台 2600 多家。……活跃的微信公众号超过 1000 万，微博日活跃用户数近 2 亿，抖音、快手等网络短视频平台日活跃用户数均达到 1 个多亿。”[②] 要把传统媒体和新兴媒体的各自优势结合起来，传统媒体要及时优化调整相应布局和结构，淘汰落后产能，“着力解决功能重复、内容同质、力量分散的问题”，同时要善于向新兴媒体学习，推动“正能量”内容及时传播。新兴媒体要向传统媒体借鉴

① 本刊编辑部:《媒体融合：用得好是真本事》,《求是》2019 年第 6 期。
② 本刊编辑部:《媒体融合：用得好是真本事》,《求是》2019 年第 6 期。

内容把控机制，提高内容编审质量。

**第四，媒体深度融合发展必须坚持内容为王，以内容优势赢得发展优势。**内容永远是根本，要加快建立适应全媒体传播的高质量内容生产机制。“网络时代众声喧哗，越是传播方式多样化，越要坚持内容为王；越是信息海量供给，越要增强内容为王的定力。主流媒体要增强自信和定力，始终把内容生产作为媒体融合发展的第一要务。增强用户意识，紧跟需求侧变化，推动内容生产优势向互联网主战场迁移并实现创造性转化。强化能力建设，以增强‘四力’提升内容生产能力，引导编辑记者补好‘脚板底下出新闻’这堂‘主课’，以更多有温度、有深度、有情怀的产品涵养人心、抓牢用户，推出更多有价值含量的爆款产品，占领传播制高点。”①

## 四、丰富事物发展之“行”，着力做实当前媒体融合的具体措施

“天下大事，必作于细”。推动媒体深度融合发展，要着

① 双传学：《坚定不移推动媒体融合向纵深发展》，《人民日报》2020 年 1 月 21 日。

力做实各项具体措施。

**第一，坚持移动优先策略，建设好自己的移动传播平台。**互联网是一个社会信息大平台，亿万网民在上面获得信息、交流信息，这会对他们的求知途径、思维方式、价值观念产生重要影响，特别是会对他们对国家、对社会、对工作、对人生的看法产生重要影响。当前，移动互联网的作用越来越大，越来越多的用户通过手机等移动终端接收信息、传播信息。移动互联网已经成为信息传播主渠道。要确立移动优先战略，创新移动新闻产品，打造建设移动媒体，形成载体多样、渠道丰富、覆盖广泛的移动传播矩阵。要让主流媒体借助移动传播，牢牢占据舆论引导、思想引领、文化传承、服务人民的传播制高点。

**第二，注重借鉴新一代信息技术的技术红利。**随着 5G、大数据、云计算、物联网、人工智能等技术不断发展，移动媒体将进入加速发展新阶段。移动互联网的信息传播主渠道作用会愈发突出。当前，不同的媒体形态对信息技术都有所借鉴，以新闻媒体为例，“将人工智能运用在新闻采集、生产、分发、接收、反馈中，提高舆论引导能力和高新技术治网能力，防范大数据等新技术带来的风险，加强网络内容建设和全媒体传播法治运行。”[①]相较此前的通信技术，5G 等新一代信息技术具有革命性的迭代意义。“主流媒体要以强烈的紧迫感抢占技术风口，主攻短视频、直播、数据新闻，打造全媒体传播新优势。以平台集成先进适用技术，替代碎片化技术嵌入、短期化项目建设；以市场化机制引入新的技术，整合各类资源，重构技术布局；推动生产方式提档升级，真正把 AR、机器人写作、大数据等新技术用起来，激发更大生产力。”[②]

**第三，构建对外传播话语体系。**我们要把握国际传播领域移动化、社交化、可视化的趋势，在构建对外传播话语体系上下功夫，在乐于接受和易于理解上下功夫，让更多国外受众听得懂、听得进、听得明白，不断提升对外传播效果。必须增强底气、鼓起士气，坚持不懈讲好中国故事，形成同我国综合国力相适应的国际话语权。

**第四，抓好媒体融合工作者队伍建设。**媒体融合发展，人才是决定性因素。人的融合是媒体深度融合的重要组成内

---

① 殷陆君：《切实把握媒体融合发展的战略机遇》，《光明日报》2019 年 3 月 21 日。

② 双传学：《坚定不移推动媒体融合向纵深发展》，《人民日报》2020 年 1 月 21 日。

容。在媒体深度融合发展过程中，要着力培养政治过硬、本领高强、求实创新、能打胜仗的媒体融合工作者。要不断掌握新知识、熟悉新领域、开拓新视野，增强本领能力，加强调查研究，不断增强脚力、眼力、脑力、笔力。要“创新聚才用才机制，建立健全传统媒体和新媒体人才使用机制。着力完善人才激励机制，改进用人体制、优化人才环境，进一步研究设计更加科学合理的考核评价体系、职级晋升制度、薪酬分配办法，吸引凝聚全媒体内容生产、融媒体技术研发、跨媒体经营等方面的高端人才。”①

**第五，扎实抓好县级融媒体中心建设。**县级融媒体中心建设，是媒体深度融合发展的重要组成部分，是全媒体传播体系的基层堡垒。2019 年，县级融媒体在全国范围内系统性、广泛性展开。“县级媒体融合既没有固定模板，也没有标准答案，更不能照搬照抄其他县级媒体的发展模式，在不断推动融合转型的过程中，县级媒体应结合自身发展情况，因地制宜建设本土化融媒体中心。”② 2019 年 1 月 15 日，中

① 双传学:《坚定不移推动媒体融合向纵深发展》,《人民日报》2020 年 1 月 21 日。

② 黄楚新:《2019 县级融媒呈井喷式增长》,《中国新闻出版广电报》2019 年 12 月 19 日。

共中央宣传部和国家广播电视总局联合发布的《县级融媒体中心建设规范》为各地县级融媒体中心建设提供了重要依据。县级融媒体中心建设，要注意整合县级媒体资源，巩固壮大主流思想舆论，不断提高县级媒体传播力、引导力、影响力、公信力。总体要求是：按照移动优先的原则，利用移动传播技术，形成渠道丰富、覆盖广泛、传播有效、可管可控的移动传播矩阵。按照“媒体 +”的理念，从单纯的新闻宣传向公共服务领域拓展，增强互动性，从单向传播向多元互动传播延伸，将媒体与政务、服务等业务相结合，提供多样化综合服务，满足用户多样化的需求，开展“媒体 + 政务”“媒体 + 服务”等业务。开展综合服务业务，面向用户提供政务服务、生活服务、社交传播、教育培训等服务。

# 第二章　习近平总书记关于媒体深度融合论述的基本要义

党的十八大以来，以习近平同志为核心的党中央高度重视传统媒体和新兴媒体的融合发展。习近平总书记从国家战略和全局高度，就为什么推动媒体融合发展、什么是媒体融合发展、怎样推动媒体融合发展等一系列重大理论和现实问题，进行了深入论述和全面指导。习近平总书记关于媒体深度融合的论述，是习近平新时代中国特色社会主义思想的重要组成部分，对指导我国媒体融合发展有着极其重要的意义。本章对习近平总书记关于媒体深度融合相关论述的基本要义进行全面梳理和分析，主要包括形成背景、基本脉络、主要内容、重要意义等四个方面。

## 一、习近平总书记关于媒体深度融合论述的形成背景

2014年是我国媒体融合发展的重要一年。2014年8月18日中央全面深化改革领导小组第四次会议审议通过了《关于推动传统媒体和新兴媒体融合发展的指导意见》，对媒体融合发展问题进行了全面阐述，明确了理念、路径、目标任务和总体要求。在这次会议上习近平总书记对媒体融合提出了一个重要论断，他指出，推动传统媒体和新兴媒体融合发展，要遵循新闻传播规律和新兴媒体发展规律，强化互联网思维。自此，媒体融合发展成为一项国家层面的战略部署，正式被纳入国家顶层设计之中。六年以来，习近平总书记多次作出关于媒体融合发展的重要论述，媒体融合发展的改革得以不断深化，逐步向纵深发展。那么，习近平总书记关于媒体深度融合一系列论述的产生，有着怎样的时代背景和历史必然性呢？以下从几个方面来进行分析。

### （一）媒体融合发展是大趋势

事物不是孤立发展的，讨论媒体融合发展就必须充分考虑我们所处的时代之“势”，深刻认识外界的形势背景，顺应时代发展潮流。

一方面，着眼世界，世界面临百年未有之大变局，我国发展仍处于并将长期处于重要战略机遇期，这是习近平总书记对世界发展大势和中国自身发展作出的重大判断。所谓世界百年未有之大变局，是指在一个相对较长的历史时期深刻影响人类历史发展方向和进程的世界大发展、大变化、大调整、大转折、大进步。人类文明及交往模式百年之变，一大批新兴国家开始成为知识、技术、信息的生产源和传播源，在方兴未艾的新技术、新产业革命中不断崭露头角，同时伴随中国特色社会主义的不断发展完善和一些转轨国家在制度上的不断探索，世界范围的思想、观念、制度、模式也呈现出日益多元的格局。①

在这样的背景下，移动互联网与信息数字技术不断发展进步，新一轮科技革命和产业变革蓬勃推进，信息产业快速发展，新兴媒体进入大众视野，以其更卓越的时效性、便捷性、个性化等特征迅速得到大众的接纳和认可。随着新兴媒体的发展，媒体格局和舆论生态发生着深刻的变化，传统媒体受到巨大冲击，面临着前所未有的考验和生存危机，“注

① 罗建波:《从全局高度理解和把握世界百年未有之大变局》,《学习时报》2019 年 6 月 7 日。

意力特权”被逐步消解，有的甚至出现“边缘化”趋势，舆论引导能力面临前所未有的挑战，[①]信息传播方式朝着多样化、去中心化的方向发展，舆论的形成与扩散机制也在发生重大变化。

整个媒体格局上表现为新兴媒体势头强劲、传统媒体不断被削弱。但是对比二者，仍各有其优劣之处：一方面，传统媒体在长期发展中形成了科学的运行机制，其强大的品牌效应和权威性是新兴媒体无法比拟的；另一方面，新兴媒体因过度追求时效性、高度自媒体化等特征，出现信息权威性低、可信度差、同质化严重等问题，发展受到一定的阻碍。对比传统媒体与新兴媒体各自的优劣不难发现，行业的健康发展，离不开二者的优势互补、相互渗透。习近平总书记在中共中央政治局第十二次集体学习时强调，传统媒体与新兴媒体不是取代关系，而是迭代关系；不是谁主谁次，而是此长彼长；不是谁强谁弱，而是优势互补。20 世纪 90 年代起，传统媒体开始触网，进入 21 世纪后，媒体融合进程不断加速，媒体融合成为传播业界最引人瞩目的理论与实践领域，

---

① 新华通讯社课题组:《习近平新闻舆论思想要论》，新华出版社 2017 年 12 月第 1 版，第 224 页。

成为时代的大趋势。

### （二）我国媒体融合发展势在必行

当前世界正处于百年未有之大变局，我国正处在实现中华民族伟大复兴的关键时期。着眼国内，我们党领导的伟大斗争、伟大工程、伟大事业、伟大梦想正在如火如荼地进行，改革发展稳定任务艰巨繁重，我们面临着难得的历史机遇，也面临着一系列重大风险考验。新时代谋划全面深化改革，必须深刻认识和把握我国的发展要求和时代潮流，继续深化各领域各方面体制机制改革。

一方面，媒体的环境更加开放，信息传播更加便捷，传播源头和渠道拓宽，影响力和受众面大大提升，对内对外传递本国声音更为高效。但与此同时，西方国家新兴媒体发展较早，较早把控了更大的话语权，导致大多数发展中国家在信息传播中处于劣势地位。此外，面对中国的崛起，一些西方敌对势力利用各种手段加以遏制，其中就包括试图利用网络媒体对我国进行意识形态上的渗透和侵蚀。国际与国内、线上与线下、虚拟与现实等界限愈益模糊，构成了越来越复杂的大舆论场，我国意识形态和主流价值体系面临前所未有的复杂环境，改变主流媒体的生存困境成为题中之义。而新兴媒体的不断壮大发展，使得其日渐成为舆论斗争的主战场。因此，抓住新兴媒体发展潮流、掌握舆论引导力，成为党的新闻舆论工作的必然要求，如何适应传媒格局新变革和舆论生态新变化，建设和创新传播手段，有效占领传统媒体和新兴媒体舆论阵地，抢占信息传播制高点，构建舆论引导新格局，提高新闻舆论传播力、引导力、影响力、公信力，成为新闻舆论工作面临的重大课题。①

我们深刻认识到，党的十八大以来，以习近平同志为核心的党中央认识到，媒体融合发展是一场不容回避的媒体发展革命，是不以人的意志为转移的大趋势，是适者生存、不适者被淘汰的大考验。这场变革已不仅仅是媒体领域的一次革新，更是具有重大政治任务和意义的一次革命，是关乎国家长治久安的大事。谁反应快、行动快，谁就能占据主动，谁犹豫不决、麻木不仁，谁就会被边缘化甚至愈发落后于时代。因此，必须要深刻认识当前的形势背景，因势而谋、应势而动、顺势而为。肯取势者可为人先，能谋势者必有所成，谁能顺应大势引领全媒体时代，谁就把握了战略主动，

① 新华通讯社课题组：《习近平新闻舆论思想要论》，新华出版社 2017 年 12 月第 1 版，第 8—9 页。

媒体融合是时代所向，更是我国发展道路上势在必行的任务，因此，以习近平同志为核心的党中央高瞻远瞩，顺势而为，大力推进传统媒体和新兴媒体的融合发展，作出一系列推动媒体融合发展的战略部署和政策措施，支持和推动媒体融合发展进程。

### （三）我国媒体融合发展实践需要纲领性指导

我国的媒体融合发展实践可以追溯到 20 世纪 90 年代中期，至今历经二十余年的发展，到今天已从最初媒介间单一层面融合，逐渐步入到传统媒体和新兴媒体在内容、渠道、平台、经营、管理等方面共生共荣的深层融合阶段。

在 2014 年媒体融合正式成为国家层面的战略部署之前，我国媒体融合发展大致可以分为两个阶段：

第一个阶段是从 20 世纪 90 年代中期萌芽到 2010 年，是传统媒体开始建设新兴媒体的阶段。这一阶段，首先是政府力量引导媒体基本完成集团化改革，一批有实力的媒体集团涌现出来，在资金、技术、人才、发展理念等各个方面占据优势，成为我国媒体行业中的佼佼者、媒体融合发展实践道路上的领头羊。90 年代中期前后，传统媒体逐步开始触网，纸媒方面，部分有实力的报刊开始自建网站，其他报刊也开始依靠知网、万方等期刊数据网站实现了内容的网络传播；广电方面，一些领先的传统广电集团开始布局数字电视、IPTV、手机移动电视等业务，同时，开始建设自己的官方网站、论坛等，内容传播方式开始打破传统的单向模式，受众身份也开始从“观众”向“用户”转变过渡。进入21世纪后，随着个人电脑的逐渐普及，网络通信技术的进一步发展，也为新兴媒体的发展奠定了物质基础和用户基础。从这一阶段的融合特征上来看，传统媒体发展新兴媒体，更多是将新兴媒体作为工具及信息发布与传播的渠道在使用，传统媒体与新兴媒体之间更多体现的是相对静态与单一的关系。[①] 此阶段为之后媒体深度融合发展奠定了一定的基础。

第二个阶段是2010年到2014年，是传统媒体和新兴媒体互动发展的阶段。进入2010年，3G时代到来，智能手机逐渐普及，“三网融合”成为这一阶段的主题。“三网融合”是指电信网、广播电视网、互联网三网的融合发展。这一阶段，新兴媒体发展进入web2.0阶段，以平板电脑为代

---

① 王建军:《“互联网 +”时代的媒体融合》，上海交通大学出版社2018年6月第1版，第42页。

表的移动终端和以微博为代表的自媒体正式登场，网络生态互动性、开放性增强，“大众麦克风”时代来临。此外，广电方面也大力推进“台网一体”的发展策略，加快推动传统媒体和新兴媒体的资源共享、联合互动。这一阶段的主要特征是，传统媒体开始改变与新兴媒体的合作方式和心态，融合发展进一步升级，媒体间的互动、竞合与共享不断深化。[①]这一阶段媒体融合发展开始加速，但仍然是相“加”，并未达到真正意义上的相“融”。

根据习近平总书记在中央全面深化改革领导小组第四次会议上的讲话，可以对媒体融合的定义作出一定的阐释：传统媒体与新兴媒体的融合的本质，不是简单地在内容、渠道、平台、技术、产品、组织架构、制度流程、经营管理等各个层面的全面融合与转变，从宏观层面放大来看，媒体融合的每一步发展更是行业内部及与相关产业之间的联动突破，是媒体产品生态到产业生态的全方面变革与转型，是一项不断演进的、动态的、复杂的、全方位的系统工程。[②]

从各国的媒体融合经验来看，媒体融合发展需要具备几

---

① 王建军:《“互联网 +”时代的媒体融合》，上海交通大学出版社 2018 年 6 月第 1 版，第 44 页。

② 同上，第 4 页。

个条件：首先，技术的创新与发展是媒体融合的基础条件，当互联网和信息科技发展到一定程度并不断迭代演进，新兴媒体才诞生并不断发展，才有了传统媒体与其融合的可能；其次，用户的需求和媒体的自觉是媒体融合的直接驱动力，用户本身的需求变化和传统媒体的生存压力倒逼传统媒体对媒体融合的自觉探索，推动着媒体融合的实践和前行；再次，是政策变革，政策变革是媒体融合发展的必要条件，反观世界各国媒体融合发展的进程，都无一不在国家政策的推动下进行，国家政策为媒体融合指明了方向，规范了媒体融合的行为，对媒体融合发展起到监管、保障和扶持的作用。

我国媒体融合的前两个阶段也同样有政策支持。国家成立信息产业部、后改组成立工信部，广电总局大力推进、管控，出台推动"三网融合"系列相关政策等，结合当时的媒体融合阶段和发展环境进行不断地尝试和探索。这一系列的政策支持，对规范和推动媒体融合的初步发展意义重大。而到 21 世纪前十年中期，我国新兴媒体的发展速度开始呈几何式增长，高速发展中所产生的问题也频频暴露，加上传统媒体与新兴媒体在融合方式上的局限性，融合层次和程度不深，因此亟须更加适应当下媒体融合形势的政策出台，为我国媒体融合指明道路。

## 二、习近平总书记关于媒体深度融合论述的基本脉络

党的十八大以来，围绕媒体深度融合，习近平总书记在媒体发展的关键时刻、关键节点，亲自谋篇布局、着力推进，发表了一系列重要论述，从“道”的战略高度，为新时代推动媒体深度融合发展提供了根本遵循，指明了前进方向。本节着重梳理习近平总书记关于媒体深度融合的系列论述。

2014 年 8 月 18 日，习近平总书记主持召开中央全面深化改革领导小组第四次会议，审议通过《关于推动传统媒体和新兴媒体融合发展的指导意见》。习近平总书记在讲话中强调，要强化互联网思维，坚持传统媒体和新兴媒体优势互补、一体发展，坚持先进技术为支撑、内容建设为根本，推动传统媒体和新兴媒体在内容、渠道、平台、经营、管理等方面的深度融合，着力打造一批形态多样、手段先进、具有竞争力的新型主流媒体，建成几家拥有强大实力和传播力、公信力、影响力的新型媒体集团，形成立体多样、融合发展的现代传播体系。这一次，习近平总书记明确提出了传统媒

体和新兴媒体融合发展问题，“媒体融合”上升到国家战略层面，正式成为事关国家、社会发展的大事，2014 年也因此被称为“中国媒体融合元年”。由此，我国媒体全行业进入了勇敢应对新兴媒体时代挑战，以先进技术为支撑、以内容建设为根本、内容平台渠道经营管理多点全方位创新的大转型、大融合、大发展的新阶段。[①]

2016 年 2 月 19 日，在党的新闻舆论工作座谈会上，习近平总书记强调，要尽快从相“加”阶段迈向相“融”阶段，从“你是你、我是我”变成“你中有我、我中有你”，进而变成“你就是我、我就是你”，着力打造一批新型主流媒体。要适应分众化、差异化传播趋势，加快构建舆论引导新格局。习近平总书记还强调，党的新闻舆论工作是党的一项重要工作，是治国理政、定国安邦的大事，要适应国内外形势发展，从党的工作全局出发把握定位，坚持党的领导，坚持正确政治方向，坚持以人民为中心的工作导向，尊重新闻传播规律，创新方法手段，切实提高党的新闻舆论传播力、引导力、影响力、公信力。这一次，习近平总书记

---

① 北京市新闻工作者协会:《中国媒体融合发展报告（2019）》，社会科学文献出版社 2019 年 1 月第 1 版，第 2 页。

对媒体融合发展的方向和方式方法作出了更为具体的指导性方针，我国媒体融合进入新的阶段，开始从相“加”迈向相“融”。

2017 年 2 月 6 日，习近平总书记主持召开中央全面深化改革领导小组第三十二次会议并发表重要讲话。会议审议通过了《关于深化中央主要新闻单位采编播管岗位人事管理制度改革的试行意见》。会议强调，要深化中央主要新闻单位采编播管岗位人事管理制度改革，统筹配置编制资源，开展人员编制总量管理试点，深化人事薪酬制度改革，完善考核评价和退出机制，增强新闻舆论工作队伍事业心、归属感、忠诚度，为新闻事业长远健康发展提供坚实有力的人才支撑。由此，媒体融合的改革探索开始深入到经营管理层面中去，融合的深度和广度进一步加大。

2018 年 4 月 20 日，习近平总书记出席全国网络安全和信息化工作会议并发表重要讲话。他强调，信息化为中华民族带来了千载难逢的机遇，我们必须敏锐抓住信息化发展的历史机遇，加强网上正面宣传，维护网络安全，推动信息领域核心技术突破，发挥信息化对经济社会发展的引领作用，加强网信领域军民融合，主动参与网络空间国际治理进程，自主创新推进网络强国建设，为决胜全面建成小康社会、夺取新时代中国特色社会主义伟大胜利、实现中华民族伟大复兴的中国梦作出新的贡献。

2018 年 8 月 21 日，习近平总书记在全国宣传思想工作会议上强调，要加强传播手段和话语方式创新，让党的创新理论“飞入寻常百姓家”。要扎实抓好县级融媒体中心建设，更好引导群众、服务群众。习近平总书记强调，完成新形势下宣传思想工作的使命任务，必须以新时代中国特色社会主义思想和党的十九大精神为指导，增强“四个意识”、坚定“四个自信”，自觉承担起举旗帜、聚民心、育新人、兴文化、展形象的使命任务，坚持正确政治方向，在基础性、战略性工作上下功夫，在关键处、要害处下功夫，在工作质量和水平上下功夫，推动宣传思想工作不断强起来，促进全体人民在理想信念、价值理念、道德观念上紧紧团结在一起，为服务党和国家事业全局作出更大贡献。

2018 年 11 月 14 日，习近平总书记主持召开中央全面深化改革委员会第五次会议，审议通过了《关于加强县级融媒体中心建设的意见》。习近平总书记提出要求，要深化机构、人事、财政、薪酬等方面改革，调整优化媒体布局，推进融合发展，不断提高县级媒体传播力、引导力、影响力。至此，加强县级融媒体中心建设是成为我国媒体融合发展的突破口和关键点。

2019 年 1 月 25 日，习近平总书记主持中共中央政治局第十二次集体学习，就全媒体时代和媒体融合发展发表重要讲话时强调，全媒体不断发展，出现了全程媒体、全息媒体、全员媒体、全效媒体，信息无处不在、无所不及、无人不用，导致舆论生态、媒体格局、传播方式发生深刻变化，新闻舆论工作面临新的挑战。我们要因势而谋、应势而动、顺势而为。“四全媒体”首次出现在习近平总书记的讲话中，至此，学界与业界研究视野拓宽，媒体融合进一步向纵深发展。

2020 年 9 月，中办国办印发了《关于加快推进媒体深度融合发展的意见》。《意见》明确了媒体深度融合发展的总体要求，强调要深刻认识全媒体时代推进这项工作的重要性紧迫性，坚持正能量是总要求、管得住是硬道理、用得好是真本事，坚持正确方向，坚持一体发展，坚持移动优先，坚持科学布局，坚持改革创新，推动传统媒体和新兴媒体在体制机制、政策措施、流程管理、人才技术等方面加快融合步伐，尽快建成一批具有强大影响力和竞争力的新型主流媒体，逐步构建网上网下一体、内宣外宣联动的主流舆论格局，建立以内容建设为根本、先进技术为支撑、创新管理为保障的全媒体传播体系。

## 三、习近平总书记关于媒体深度融合论述的主要内容

习近平总书记关于媒体深度融合的系列重要论述是一个不断发展完善的系统性思想体系，科学地回答了新时代媒体融合发展的一系列根本性、战略性、全局性重大问题，通过梳理习近平总书记多次关于媒体深度融合的讲话可以得出，系列论述的内容主要涉及以下几点：

### （一）关于媒体深度融合发展的意义

习近平总书记指出，伴随着信息社会不断发展，新兴媒体影响力越来越大……每个人都可能成为信息源……推动媒体融合发展、建设全媒体成为我们面临的一项紧迫课题……要运用信息革命成果，加快构建融为一体、合而为一的全媒体传播格局。习近平总书记还强调，推动媒体融合发展，是要做大做强主流舆论，巩固全党全国人民团结奋斗的共同思想基础，为实现“两个一百年”奋斗目标、实现中华民族伟

大复兴的中国梦提供强大精神力量和舆论支持。中国特色社会主义进入新时代，宣传思想工作面临的风险挑战之严峻前所未有，承担的使命任务之艰巨前所未有，必须不断巩固壮大主流思想舆论，弘扬主旋律，传播正能量，激发全社会团结奋进的强大力量，更好地强信心、聚民心、暖人心、筑同心。[①]如果我们党过不了互联网和新兴媒体这一关，可能就过不了长期执政这一关。我们应该认识到，媒体融合发展是一项重大而深刻的变革，媒体融合发展的成效，除了直接关系到媒体产业的生存状态，更关系到中国共产党能否牢牢掌握意识形态工作的主动权与话语权，关系到是否能巩固宣传思想文化阵地，是否能壮大主流思想舆论阵地，是事关党的前途命运，事关民族凝聚力和向心力的大事，具有非常重要的现实意义。要不断深化对全媒体时代的挑战和机遇的认识，加快推动媒体融合发展。

### （二）关于媒体深度融合发展的目标任务

习近平总书记指出，推动媒体融合发展，要统筹处理好传统媒体和新兴媒体、中央媒体和地方媒体、主流媒体和商

---

① 程文静:《深刻认识推动媒体融合发展的重要意义》,《光明日报》2019年12月16日。

业平台、大众化媒体和专业性媒体的关系，形成资源集约、结构合理、差异发展、协同高效的全媒体传播体系。这是对媒体深度融合发展提出的任务和目标，指明了我们要建设怎样的媒体生态。随着我国媒体深度融合的推进，媒体融合进入了“多点突破期”，跨入了融合 3.0 时代，媒体融合涉及的范畴也更加丰富，仅仅处理好传统媒体和新兴媒体的关系是不够的，更要关注中央与地方、主流与商业、大众与专业三对不同范畴的媒体之间的关系，从媒体的各个层次、层面、角度全方位地进行统筹规划。此外，媒体深度融合的目标任务，在于建成一个更为合理高效的全媒体传播体系，用更少量的优质资源，去创造更多被大众认可接受的信息体系，因此媒体的资源优化配置能力和资源开发利用程度就至关重要，尤其是在人才、资金、独家信息等重点资源的配置上，要更加科学化、现代化。因此，在媒体深度融合的过程中，要在遵循信息传播规律的基础上，敢于打破固有常规思维，改革不合时宜的体制机制，注重不同媒介的优劣特质，探索出一条资源集约、结构合理、差异发展、协同高效的全媒体传播体系，推进媒体融合的纵深发展。

### （三）关于媒体深度融合发展中互联网的作用

习近平总书记曾指出，网络空间已经成为人们生产生活的新空间，那就也应该成为我们党凝聚共识的新空间。移动互联网已经成为信息传播主渠道。随着5G、大数据、云计算、物联网、人工智能等技术不断发展，移动媒体将进入加速发展新阶段。要坚持移动优先策略，建设好自己的移动传播平台，管好用好商业化、社会化的互联网平台，让主流媒体借助移动传播，牢牢占据舆论引导、思想引领、文化传承、服务人民的传播制高点。当下的互联网不仅仅是一个媒介，更本质的意义在于它是一种重新构建世界的结构性力量。[①] 互联网与信息数字技术的发展对每个国家来说，既是机遇，又是挑战。在媒体融合的过程中，必须充分理解和应用互联网思维，转变传统媒体的思维模式，尤其关乎党和国家伟大事业的主流媒体，必须以互联网为落脚点，注重个性化、多元化、互动性、娱乐性的内容和服务需求，适应即时性、海量性的信息传播特征，认识不同平台的受众群体和传播属性，注重自主原创，充分挖掘和整合信息资源，融入新兴媒体充分开放、充分竞争的潮流中，用新技术、新平台、

① 喻国明：《互联网是一种高维媒介》，《南方电视学刊》2015年第1期。

新思维去重新建构媒体融合趋势下的主流媒体生态和全媒体传播体系，才能真正发挥媒体的服务作用。

### （四）关于媒体深度融合发展中主流媒体的价值

习近平总书记多次在关于媒体深度融合的讲话中重点对媒体融合下主流媒体的价值作出阐释，对主流媒体的发展提出要求。习近平总书记强调，我们要推动媒体融合发展，就是要做大做强主流舆论，巩固全党全国人民团结奋斗的共同思想基础，为实现“两个一百年”奋斗目标、实现中华民族伟大复兴的中国梦提供强大精神力量和舆论支持……要抓紧做好顶层设计，打造新型传播平台，建成新型主流媒体，扩大主流价值影响力版图，让党的声音传得更开、传得更广、传得更深入。习近平总书记充分肯定了主流媒体的特殊地位和价值，与此同时，也对主流媒体提出更高要求，他强调，主流媒体守土有责，更要守土尽责，及时提供更多真实客观、观点鲜明的信息内容，牢牢掌握舆论场主动权和主导权……主流媒体要敢于引导、善于疏导，原则问题要旗帜鲜明、立场坚定，一点都不能含糊。主流媒体肩负着重大的历史和现实责任，影响着人民价值选择和意识形态导向，因此不能用一般的媒体标准来要求自我，面对复杂的国际形势和国内外舆论场，更要立场坚定，更要积极作为，更要有服务人民的意识和行动。习近平总书记还提到，媒体融合发展不仅仅是新闻单位的事，要把我们掌握的社会思想文化公共资源、社会治理大数据、政策制定权的制度优势转化为巩固壮大主流思想舆论的综合优势，使主流媒体具有强大传播力、引导力、影响力、公信力，形成网上网下同心圆，使全体人民在理想信念、价值理念、道德观念上紧紧团结在一起，让正能量更强劲、主旋律更高昂。

### （五）关于法治化推动媒体深度融合发展

习近平总书记在中央政治局第十二次集体学习时强调，要使全媒体传播在法治轨道上运行，对传统媒体和新兴媒体实行一个标准、一体管理……要全面提升技术治网能力和水平，规范数据资源利用，防范大数据等新技术带来的风险。互联网和新兴媒体的发展是一把双刃剑，给社会带来便利的同时也产生了很多安全隐患，网络骗案、信息泄露等网络安全事件频频发生，危害着人们的生命财产安全；此外，网络谣言、虚假信息也对人们的生产生活产生不良影响，甚至对国家意识形态和主流价值造成威胁。我们知道，法治是人类政治文明的重要成果，依法治国是经济发展、社会进步的客观要求，也是巩固党的执政地位、确保国家长治久安的根本保障，任何一个社会领域的发展，都离不开法治，都要在法治的框架下开展。传媒领域的发展也不例外，网络违法事件层出不穷，必须适应不断发展变化的网络环境，依据现实情况完善相关法律法规，依法治网，依法管网，在法治监管下推动媒体融合发展，万不能因为是新兴媒体就放宽法治要求，放松法治监管，而要在统一的标准下实行管控，依法严惩网络违法行为，才能彰显法律的公平、公正精神，才能更好地为媒体深度融合营造更为安全可靠的发展环境。

### （六）关于做好媒体深度融合发展的配套工作

习近平总书记在中央政治局第十二次集体学习时指出，各级党委和政府要从政策、资金、人才等方面加大对媒体融合发展的支持力度。各级宣传管理部门要改革创新管理机制，配套落实政策措施，推动媒体融合朝着正确方向发展。各级领导干部要增强同媒体打交道的能力，不断提高治国理政能力和水平。当前，我国媒体融合已向纵深发展，媒体融合的步伐已走在世界前列，尤其是主流媒体对新技术的应用处于行业领先水平。然而媒体深度融合的范畴远不止如此，媒体融合向纵深发展的过程难度高、困难多，例如流于形式的融合意识和融合机制，融合探索过程中盈利模式模糊，新型融媒体所需要的复合型人才缺失等等，要解决这些深层次的问题，仅仅依靠媒体行业本身的市场行为是无法做到的，因此必须发挥我们社会主义制度的优越性，特别是集中力量办大事的优势。必须加强政策倾向和政策支持，将优质资源、资金优化配置到相关领域，为媒体深度融合提供基础和保障。由于各级媒体在融合发展过程中的目标和需求存在差异，各级领导干部要根据媒体所处的社会环境特点作出判断，科学地选择或创新体制机制，为媒体深度融合提供有力保障。

## 四、习近平总书记关于媒体深度融合论述的重要意义

习近平总书记着眼党和国家事业长远发展，深刻分析全媒体时代的挑战和机遇，科学把握媒体融合发展的趋势和规律，充分彰显了我们党对信息化大势和发展机遇的敏锐把握，极大鼓舞了新闻舆论工作者的信心和斗志，对于我们深入推进媒体深度融合实践，进一步做好新时代党的新闻舆论工作，具有十分重要的认识论和方法论意义。[①]

---

① 人民日报评论员:《推动媒体深度融合，做大做强主流舆论》,《人民日报》2019 年 1 月 26 日。

### （一）政治意义

习近平总书记讲过，能否做好意识形态工作，事关党的前途命运，事关民族凝聚力和向心力。媒体融合发展是一项重大而深刻的变革，媒体融合发展的成效，关系到中国共产党能否牢牢掌握意识形态工作的主动权与话语权，是否能牢牢占据舆论引导、思想引领、文化传承、服务人民的传播制高点，巩固党的执政基础和执政地位，建设网络强国。习近平总书记关于媒体深度融合的论述，是我国媒体融合的指导性纲领，全面深刻地阐释着媒体深度融合发展的方方面面，具有十分重大的政治意义。

**首先是引领宣传思想工作创新**。当前媒体深度融合发展的核心目标是做强做大主流媒体。宣传思想工作是党的一项重要工作，承担着举旗帜、聚民心、育新人、兴文化、展形象的使命任务。新时代有新使命，新阶段有新要求。当前宣传思想战线的头等政治任务，就是坚持不懈用习近平新时代中国特色社会主义思想培根铸魂、凝心聚力，激励鼓舞广大党员干部不忘初心、牢记使命，坚持党性原则、人民立场。因此，推动媒体融合发展，把传统媒体的影响力向网络空间延伸，是应对新形势下宣传思想工作面临的风险挑战、巩固壮大宣传思想文化阵地的迫切需要，也是媒体行业加强自身建设，不断提高引领主流思想舆论能力水平，弘扬主旋律、释放正能量，为中华民族伟大复兴提供源源不断的思想动力和精神指引，进而承担好新形势下使命任务的内在要求。[①]

**其次是巩固壮大主流思想舆论。**党的十八大以来，党的宣传思想工作面临的重要问题之一，是如何在纷繁复杂的舆论场中提高舆论引导能力。新形势下，传统的监管模式和舆论传播体系遭遇发展瓶颈，必须以变应变，及时更新舆论结构、舆论引导方式，实现传统媒体和新兴媒体的优势互补，增强受众网上网下的交流互动，拓宽舆论表达的渠道和方式，使传统主流媒体在提升舆论引导力的同时，巩固壮大党的主流思想舆论。为此，要巩固马克思主义在意识形态领域的指导地位，巩固全党全国人民团结奋斗的共同思想基础，建设具有强大凝聚力和引领力的社会主义意识形态，推动媒体融合向纵深发展，是巩固全党全国人民团结奋斗的共同思想基础的重要方面。主流思想舆论的凝聚力和引领力，既取决于富有说服力、感召力的内容，也取决于广泛有效的传

① 程文静:《深刻认识推动媒体融合发展的重要意义》,《光明日报》2019年12月16日。

播。新形势下信息科技革命的发展使得传统的舆论生态、媒体格局、传播方式发生深刻变化，全媒体不断发展，出现了全程媒体、全息媒体、全员媒体、全效媒体，这为媒体发展提供了难得机遇，也带来了前所未有的风险挑战。媒体融合本质上是一场主流媒体传播方式的自我革命。面对传播格局的深刻变革、舆论生态的巨大变化和数字技术的快速发展，主流媒体应通过理念、内容、形式、方法、手段等各个方面的创新，让正能量更强劲、主旋律更高昂，提高正面宣传的质量和水平。[①]

**再次是加强国际传播能力建设。**当前世界正处于百年未有之大变局，我国正处在实现中华民族伟大复兴中国梦的关键时期。要想发展，中国就必须加强同世界的沟通和对话，争取更好的外部环境，塑造良好的国家形象，这就要求我们要及时、有效地对各种国内外的重要事件作出反应，发出中国声音，尽可能争取国际传播话语权。传统的外宣工作基本是依靠主流媒体的专业外宣队伍，传播形式则主要以广播、电视等传统媒体为主。这样的外宣形式较为高高在上，

① 程文静:《深刻认识推动媒体融合发展的重要意义》,《光明日报》2019 年 12 月 16 日。

无法有效地贴近民众，并且外宣目标大，动静大，宣传效果一般，难以有效展开工作及在国际舞台发出有效的声音。当下，新的世界媒体格局为广大发展中国家的传媒业改变以往落后状况，实现跨越式发展提供了难得的历史机遇。现阶段，中国媒体融合发展，已在布局和进军国际舆论场，特别是国外社交媒体，这是国际舆论场交锋的重要战场，展示国际形象的重要窗口，也是团结各种力量的重要平台。国际舆论场传播所面临的受众在文化思想、政治立场、媒介环境、语言等诸多方面都与国内舆论场存在很大差异，而媒体融合的发展可以有效避免仅仅依靠传统媒体传播产生的问题，避免发生不良反应。在全媒体传播体系下，对外传播可以根据不同国家与文化的社交媒体与舆论场的特点，传播内容的性质和受众需求，科学地选取相应的传播平台和传播手段，采用民众熟悉且易于接受的传播语态传播信息，有针对性地展开工作，才能更易于引发公众的兴趣，一旦公众对信息进行选择和再传播，信息传播的主体将更加多元，传播效果得到极大的增长。因此，如何利用好媒体深度融合的成果，统筹好国内与国际两个舆论场的传播与交流，加强我国的国际传播能力建设成为一项至关重要的战略任务。

### （二）理论意义

习近平总书记关于媒体深度融合发展的系列论述，既有学术的价值，又推动和指导着全国性的大规模媒体融合发展实践，与此前的媒体融合理论探讨相比，有着重要的突破。习近平总书记关于媒体深度融合的重要论述，为我国媒体融合发展指明了方向，提供了行动指南。

马克思主义新闻观是马克思主义关于新闻宣传领域的观念和学说的理论体系，是马克思主义的重要组成部分，是被实践反复证明能够反映新闻规律的思想、观点和方法，是一个与时俱进的、不断发展和完善的理论体系。我们党历来高度重视新闻舆论工作。不同的历史时期下，党中央立足时代特征和党和国家实际工作需要，在实践中对马克思主义新闻观不断进行创新、丰富和完善，形成了一系列的关于新闻舆论工作的重要论述，丰富和发展了马克思主义新闻观，成为指导我国新闻舆论工作的根本依据。

党的十八大以来，以习近平同志为核心的党中央立足时代发展大势，顺应世界前进潮流，把握媒体变革趋势，进一步丰富了马克思主义新闻观。其中，习近平总书记关于媒体深度融合发展的系列论述，是以人民为中心的重要体现，是马克思主义新闻观的丰富和发展。

纵览马克思主义新闻观的发展历程，可以看到两条基本的发展线索：第一，坚持新闻和宣传工作的党性原则与遵循新闻传播的规律应该是一致的，第二，坚持新闻和宣传工作的党性原则与坚持人民性是统一的。

习近平总书记关于媒体深度融合的系列论述作为马克思主义新闻观的最新成果，主要体现在三个方面：**一是对牢牢坚持党性原则提出更高的要求，丰富了党管媒体的内涵**。习近平总书记多次强调，必须把政治方向摆在第一位，牢牢坚持党性原则，牢牢坚持马克思主义新闻观，牢牢坚持正确舆论导向，牢牢坚持正面宣传为主。牢牢坚持党性原则，最根本的是坚持党对新闻舆论工作的领导。媒体深度融合发展，要时刻坚持党的领导，特别是要认清自己的政治属性和定位，时刻站在马克思主义的立场上，自觉抵制西方新闻观等错误观点的影响，牢牢坚持正确的舆论导向，做到所有工作都有利于坚持中国共产党的领导和社会主义制度，有利于推动改革发展，有利于增进全国各族人民团结，有利于维护社会和谐稳定。**二是要遵循新闻传播规律和新兴媒体发展规律**。习近平总书记强调，推动传统媒体和新兴媒体融合发展，要遵循新闻传播规律和新兴媒体发展规律，着力打造一批形态多样、手段先进、具有竞争力的新型主流媒体，建成几家拥有强大实力和传播力、公信力、影响力的新型媒体集团，形成立体多样、融合发展的现代传播体系，这与马克思新闻观是一脉相承的。任何不遵循规律的认识，都经不起考验的认识，而尊重规律的前提就是能够认识事物和规律本身。**三是始终坚持人民至上根本立场，坚持走“群众路线”。**媒体融合发展过程中，体现党的意志就是体现人民的意志，宣传党的主张就是宣传人民的主张，坚持党性就是坚持人民性。党性寓于人民性之中，没有脱离人民性的党性，也没有脱离党性的人民性。习近平总书记强调，人在哪儿，宣传思想工作的重点就在哪儿，网络空间已经成为人们生产生活的新空间，那就也应该成为我们党凝聚共识的新空间。没有人民群众，就没有党的新闻事业；不服务于人民群众，所有的改革就是无的放矢；不依靠人民群众，我们的媒体产业就难以实现大繁荣、大发展。媒体融合发展的目的，就是要把实现好、维护好、发展好最广大人民根本利益作为新闻宣传工作的出发点和落脚点，坚持以民为本、以人为本。习近平总书记在关于媒体融合的论述中多次强调，让党的创新理论

“飞入寻常百姓家”，扎实抓好县级融媒体中心建设，更好引导群众、服务群众，这些都是人民性的体现。

因此，习近平总书记关于媒体深度融合的论述是马克思主义新闻观的丰富与发展创新，是习近平新时代中国特色社会主义思想的重要组成部分，具有深刻的理论价值。

### （三）实践意义

习近平总书记强调，经济建设是党的中心工作，意识形态工作是党的一项极端重要的工作。党的十一届三中全会以来，我们党始终坚持以经济建设为中心，集中精力把经济建设搞上去、把人民生活搞上去。只要国内外大势没有发生根本变化，坚持以经济建设为中心就不能也不应该改变。这是坚持党的基本路线一百年不动摇的根本要求，也是解决当代中国一切问题的根本要求。同时，只有物质文明建设和精神文明建设都搞好，国家物质力量和精神力量都增强，全国各族人民物质生活和精神生活都改善，中国特色社会主义事业才能顺利向前推进。而传媒领域的发展恰巧同时肩负精神文明建设和物质文明建设双重任务，媒体融合发展成为国家战略之前，我国主要是传统媒体承担事业和产业双重属性，不仅要完成党和政府赋予的政治宣传任务，还要完成市场给予的经营任务。但随着新兴媒体的发展，全球范围内的传统媒体均出现了读者流失、利益下滑、规模缩小、影响力下降等多方面的困境，传统媒体面临着巨大的考验和生存危机，表现在受众流失、市场占有下降、经营营收降低等各个方面，不仅影响到舆论生态的平衡和稳定，也在一定程度上影响到传媒领域所负有的市场经营责任。

习近平总书记强调，推动传统媒体和新兴媒体融合发展，要遵循新闻传播规律和新兴媒体发展规律，强化互联网思维，坚持传统媒体和新兴媒体优势互补、一体发展，坚持先进技术为支撑、内容建设为根本，推动传统媒体和新兴媒体在内容、渠道、平台、经营、管理等方面的深度融合，着力打造一批形态多样、手段先进、具有竞争力的新型主流媒体，建成几家拥有强大实力和传播力、公信力、影响力的新型媒体集团，形成立体多样、融合发展的现代传播体系。要一手抓融合，一手抓管理，确保融合发展沿着正确方向推进。习近平总书记关于媒体深度融合的论述，除了指明方向和目标，更对媒体融合发展提出了具体的要求和方法，是能够应用到实践中的方法论。在融合的过程中，传媒产业朝着更科学、集约、市场化的方向发展，传媒领域的创收模式更加丰富多样，有实力的媒体机构，不断探索整合营销战略，通过互联网技术和大数据分析，建立符合受众需求的全方位营销体系，探索多元化的赢利模式，打破传统单纯依赖广告的营收模式，变为产业多元化经营模式，多元化发展是传统媒体产业转型的必经之路，是变被动为主动的重要方式。

此外，最新的第46次《中国互联网络发展状况统计报告》显示，截至2020年6月，我国网民规模达9.40亿，较2020年3月增长3625万，互联网普及率达67.0%，较2020年3月提升2.5%；手机网民规模达9.32亿，较2020年3月增长3546万，网民使用手机上网的比例达99.2%，较2020年3月基本持平；农村网民规模为2.85亿，较2020年3月增长3063万。[①] 如此大规模的用户量，潜在的经济价值是不可估量的，媒体深度融合发展能更好地整合利用资源，朝着经济价值最大化的方向发展，而经济价值的提高，又能反过来推进媒体深度融合的进程。

习近平总书记指出，宣传思想工作创新，重点要抓好理念创新、手段创新、基层工作创新。党的十八大以来，以

---

① 《第46次中国互联网络发展状况统计报告》，http://www.cac.gov.cn/2020-09/29/c_1602939918747816.htm，登录时间2020年12月27日。

习近平同志为核心的党中央着力推动媒体深度融合，扎实抓好县级融媒体中心建设和新时代文明实践中心建设，整合盘活理论宣讲、文化服务、教育服务、科技与科普服务、健身体育服务等资源平台，更好地凝聚群众、引导群众、服务群众。以县级融媒体中心建设为例，县级融媒体中心建设是深入宣传习近平新时代中国特色社会主义思想的重要载体，是加强和改进基层宣传思想工作、推动县级媒体转型升级的战略工程，是加强基层宣传思想工作和精神文明建设的重要平台，是为民排忧解难、做群众思想政治工作的重要平台。在基层媒体融合发展过程中，要明确定位、厘清职责，夯实基础、打牢根基，调动各方力量，整合各种资源，创新方式方法，坚持不懈用习近平新时代中国特色社会主义思想武装全党、教育人民，坚持不懈用中国特色社会主义文化、社会主义思想道德牢牢占领基层思想文化阵地，动员和激励广大人民群众积极投身社会主义现代化建设，把基层百姓所需所盼与党委政府积极作为对接起来，把服务延伸到基层、问题解决在基层，推动新闻出版信息与政务、服务紧密结合，在倾听百姓呼声、回应百姓关切中宣传引导群众。新闻出版从业者作为宣传思想文化阵地的守护人，需要不断增强脚力、眼力、脑力、笔力，打造一支政治过硬、本领高强、求实创新、能打胜仗的新闻出版队伍，自觉承担起新形势下新闻出版行业的光荣职责和艰巨使命。习近平总书记提出的宣传思想工作创新，重点要抓好理念创新、手段创新、基层工作创新，并强调，要把创新的重心放在基层一线，是践行为人民服务的理念，也是对全媒体广阔市场的肯定和长远规划。

习近平总书记关于媒体深度融合的论述充分体现了继承、弘扬、发展、创新的理论品格。立足当下，着眼未来，体察世情国情民情的最新变化，兼具对舆情社情的全新把握，审时度势、及时准确地回答了新时代新闻舆论工作要解决的根本性、战略性、全局性的问题，是媒体融合发展的根本指南和行动纲领。这一系列重要论述有着丰富的时代特征和思想内涵，是我国媒体融合发展的根本遵循，具有重大的政治意义、理论意义和实践意义。

# 第三章　媒体深度融合发展的背景

多种形态媒体的融合与发展，是一个渐变和持续的过程，同时也是一个内在的必然过程。罗杰·菲德勒在其《媒介形态变化——认识新媒介》一书中指出，“新媒介绝不会自发地和孤立地出现，它们总是从旧媒介的形态变化中逐渐脱胎出来，当比较新的传媒形式出现时，那些旧的形式就会适应并继续进化而不会死亡”。媒体融合发展背景条件的成熟度，是媒体融合发展的前提和基础。近年来，随着文化建设、技术发展、行业竞争、资金投入等多种因素的影响，在传媒行业出现了许多新的传播形态，多种媒体形态跨界融合，已经成为媒体生存发展的必然趋势。

## 一、媒体融合发展的社会背景

新的社会需求召唤新的媒体，新的社会基础也孕育新的媒体。媒体的融合发展与社会需求有着密不可分的关系。如果说报纸、广播、电视等传统媒体的飞速发展是科技发展和全球化的客观产物，那么新媒体乃至全媒体则是由宽带技术和移动互联孕育而生。在这一鲜明的社会背景下，不同的媒体需求蓬勃而出，也带来了充满生机的媒体融合发展态势。

### （一）社会治理实践对媒体融合发展提出崭新要求

2019 年 1 月，中央政治局就全媒体时代和媒体融合发展举行第十二次集体学习，中共中央总书记习近平强调，“推动媒体融合发展、建设全媒体成为我们面临的一项紧迫课题。要运用信息革命成果，推动媒体融合向纵深发展，做大做强主流舆论，巩固全党全国人民团结奋斗的共同思想基础，为实现‘两个一百年’奋斗目标、实现中华民族伟大复兴的中国梦提供强大精神力量和舆论支持。”[①]

在中国共产党的历史上，无论是革命、建设还是改革时期，我们党都高度重视新闻宣传工作。当前，媒体融合发展形态日新月异，出现了全程媒体、全息媒体、全员媒体、全效媒体，导致舆论生态、媒体格局、传播方式发生深刻变化。这种信息无处不在、无所不及、无人不用的新形势、新

---

① 习近平:《加快推动媒体融合发展 构建全媒体传播格局》,《求是》2019 年第 6 期。

局面，也对党的社会治理工作特别是新闻宣传工作提出了严峻挑战。2013 年 8 月 19 日，中共中央总书记习近平在全国宣传思想工作会议上专门指出，互联网已经成为舆论斗争的主战场。在互联网这个战场上，我们能否顶得住、打得赢，直接关系我国意识形态安全和政权安全。其后，以习近平同志为核心的党中央把新闻舆论工作摆在重要位置，作出了加快传统媒体和新兴媒体融合发展的战略部署。“媒体融合”工作成为党中央重大决议的重要部分，从顶层设计的站位规划了国家关于媒体融合发展的实践路径，有力推动“媒体融合”从党的意志变成了国家行动、国家战略。

“媒体融合”并非简单的媒体相加，是当代中国社会政治、经济、文化深层次变革的一个缩影，背负着时代的使命，呼应着社会发展的要求。以习近平同志为核心的党中央高屋建瓴，准确把握了网络发展对社会生活的战略影响，准确把握了社会治理与融媒体发展的能动关系。这样的战略判断和工作要求，是建立在对信息技术、网络互联对人类社会的巨大影响的战略预判之上。基于这一战略预判，优化信息技术条件下的新闻宣传机制，加强与国家治理体系相适应的媒体平台建设，培养掌握信息传播技术的新闻宣传工作队伍，成为牢牢把握意识形态工作的主动权和话语权，实现舆论引导，切实推进优化社会治理能力的战略抓手。

### （二）信息化的社会生活需要呼唤媒体融合发展

党的十九大报告指出：“中国特色社会主义进入新时代，我国社会矛盾已经转化为人民日益增长的美好生活需要和不平衡不充分的发展之间的矛盾”。[①]在人民日益增长的美好生活需要中，便捷多样的信息服务需求成为主要的社会需求之一。特别是随着移动互联网的发展、智能手机的普及，人民群众对便捷、实时、多维的信息服务需求越来越强烈。

在信息技术极不发达的古代，个人信息服务是一项极其昂贵的需求。人们为了传递和获取信息，必须付出极高的人力成本和财力成本，普通民众是消费不起的。其复杂的建设工程和运作系统，也只有国家级的动员能力和组织能力才能实现。其高额的运行和维护开支，只有国家的财力才能保障。在春秋战国时期，为了抵御外部入侵，同时为了传递军事信息，各国都集全国之力修建了巨大的防御工事—长城，也修建了一座座的烽火台。秦国统一天下后，专门颁布法

---

① 《中国共产党第十九次全国代表大会文件汇编》，人民出版社 2017 年，第 9 页。

令，要求车同轨、书同文，修建了四通八达的驰道。后来的各朝各代也都建有驿道和驿站，一直延续到清代，国家的驿道和驿站体系才被近代的邮政系统取代。由以上事实可见，古代的道路建设除了满足人员、货物的流通外，信息传递是其重要的功能之一。对于普通民众来说，信息服务需要虽然存在，但是由于生产力低下，信息技术发展的落后，严重制约了普通民众的个人信息服务需要。

随着信息技术的飞速发展，个人的信息服务需求也越来越高。满足广大人民群众在信息服务方面的需要，提供最新、最全、最有用的权威信息服务，已经成为新时代网信事业发展的主要任务之一。在传统媒体业态中，报纸、杂志新闻信息实时性较差，广播电视存在单方向推送的弊端，受众缺乏自主选择权，互联网新闻信息网站受硬件设施和显示设备所限，不能实现随身移动的要求，更因为网站信息同质化的趋势，已经无法满足个性化的信息需要。当前，随着媒介的融合发展，人们不再满足单纯通过阅读文字、收听广播电视获取信息。特别是随着智能手机等移动通信设备的全面普及，人民群众对信息的时效性、便捷性有了更高的要求，也对信息内容、载体形式、传播渠道的选择上也越来越凸显自主性的特征。据 CNNIC 发布的第 46 次《中国互联网发展统计报告》显示，截至 2020 年 6 月，我国网民规模达 9.40 亿，较 2020 年 3 月增长 3625 万，互联网普及率达 67.0%，较 2020 年 3 月提升 2.5 个百分点。我国手机网民规模达 9.32 亿，我国网民使用手机上网的比例达 99.2%。[①] 手机成为网民上网的主要方式并挤占其他设备上网时间。自此，在信息内容需求方面，已经从“被动接受”转变为“自主可控”的需求。在信息时效性需求方面，已经从获取“信息过去式”转变为获取“信息正在进行时”。在信息渠道方面，已经从“登录搜索”转变为“随身推送”。

### （三）媒体加速迭代的发展趋势成为媒体融合的内生动力

如果说前面提到的是外部因素的话，媒体加速迭代的发展趋势则是媒体融合的内在根本原因。有人曾预言说：未来五到十年间，大多数现行媒体样式将寿终正寝，它们将被以综合为特征的网络媒体所取代。这一观点显然是带有激进色彩的媒体进化论。但毋庸置疑的是，媒体样式正在从单一信

① 《第 46 次中国互联网络发展状况统计报告》，http://www.cac.gov.cn/2020-09/29/c_1602939918747816.htm，登录时间 2020 年 12 月 27 日。

息传播模式向多种信息传播模式转变。纵观媒体行业的发展历史，在不同的历史阶段都雄辩地展示了这一铁律。

在人类信息传媒发展史上，媒体行业的加速迭代发展的趋势越来越明显。从信息载体的变化看，以第一份印刷报纸为标志，17 世纪初，欧洲国家出现了以印刷术为技术支撑、以文字为载体的报纸。20 世纪 20 年代，随着无线电技术的发展，由于无线电的广泛使用以及人们对于大功率发射机和高灵敏度电子管接收机技能的熟练掌握，使广播逐渐变成了现实。1920 年 11 月 2 日，世界上第一座领有执照的电台、美国匹兹堡 KDKA 电台正式开播。由于具有收听对象广泛，传播迅速，功能多样，感染力强的优势，自此开始，无线广播电台迅速普及到世界各地。1923 年 1 月，美国的奥斯邦在上海创办了中国的第一座广播电台。1940 年 12 月，中国人民广播事业也有了起步之作，中央人民广播电台前身的延安新华广播电台创办。电视与广播几乎是在同一时段出现。1924 年，英国的电子工程师约翰·贝尔德发明第一台电视机面世。1928 年，美国的 RCA 电视台率先播出第一套电视片《FelixTheCat》，从此，电视机开始改变了人类的生活、信息传播方式和思维方式。从黑白到彩色、从模拟到数字、从无线到有线、从球面到平面，人类迅速步入了电视时代。互联网也同样是发轫于美国。1969 年 12 月，在美国国防部研究计划署制定的协定下，美国加利福尼亚大学洛杉矶分校、斯坦福大学研究学院、加利福尼亚大学和犹他州大学的四台主要的计算机开始联机。1989 年，欧洲粒子物理实验室提出了分类互联网信息协议，为互联网的普及和发展提供了坚实的技术基础。1994 年 4 月，中关村地区教育与科研示范网络工程进入互联网，实现和 Internet 的 TCP/IP 连接，自此开通 Internet 全功能服务，标志着中国正式接入互联网。1995 年 5 月，张树新创立第一家互联网服务供应商——瀛海威，则标志着互联网在中国开始普及。

与常人对媒体发展的认知不同的是，以上媒体的诞生、发展、壮大和衰落并不是严格的线性发展趋势，各个媒体形态之间也不是替代与被替代的关系。相反，大多数的时候，各类媒体的发展脉络是交错而行的。特别是在资本的介入下，媒体形态展现出更多的共存互融情况。媒体的共存造成了信息传播的渠道多样性和传播分众化的现状。由于受到技术发展、地域差异和受众不同的限制，才在某一阶段、领域和人群中出现替代的关系。从传统媒体和新兴媒体的共存情况看，媒体之间只有实现优势互补、彼此融合，形成打造市场的合力，才能弥补单一媒体自身存在的缺陷。习近平总书记曾专门强调指出，推动媒体融合发展，要坚持一体化发展方向，通过流程优化、平台再造，实现各种媒介资源、生产要素有效整合，实现信息内容、技术应用、平台终端、管理手段共融互通，催化融合质变，放大一体效能，打造一批具有强大影响力、竞争力的新型主流媒体。并指出要坚持移动优先策略，让主流媒体借助移动传播，牢牢占据舆论引导、思想引领、文化传承、服务人民的传播制高点。

## 二、媒体融合发展的技术背景

全面审视媒体融合发展，媒体融合的萌芽都是基于技术的进步，媒体融合发展成为业态主流更与先进的信息技术和通信技术的发展密不可分。在 2019 年 2 月 25 日的媒体深度融合工作推进会上，中共中央政治局委员、中宣部部长黄坤明指出，媒体融合是一场不容回避的“自我革命”，要强化技术创新的引领驱动。麻省理工学院未来学家尼葛洛庞帝提出“媒体融合”的概念时，后续研究就表明媒体融合的发展关键是技术。当数字化生存在中国成为现实后，中国传统传媒业面对新技术的发展，经历阵痛之后也都积极推进媒体融合，有效增加了传统媒体的传播渠道，传播力增强，覆盖面显著扩大。媒体融合大潮之下的人民日报，也已经不仅仅是一张报纸，而是涵盖了报、网、端、微、屏等10多种载体、综合覆盖受众达7.86亿的“人民媒体矩阵”，人民日报客户端、法人微博、微信公众号的影响力均居全国媒体前列。①

### （一）宽带互联的迅猛发展提供了必要的媒介技术

通信技术的每一次迭代升级，都在传媒行业催生出革命性的突破。媒体融合的概念虽然在40多年前已出现，但真正成为媒体主流的发展趋势，则是建立在互联宽带迅速普及的基础之上。这一紧密关联的发展规律，从人民日报的信息化建设中可见一斑。

1995年，中国科技网、中国公用计算机互联网、金桥工程等网络建设项目先后启动或建成，并于1996年先后开通专线连入美国和欧洲的Internet连接。1997年10月，中国公用计算机互联网（CHINANET）实现了与中国其他

---

①《人民日报、新华社、总台、光明日报融媒成果一览》，https://www.sohu.com/a/296876219_708049，登录时间2019年5月23日。

三个互联网络即中国科技网（CSTNET）、中国教育和科研计算机网（CERNET）、中国金桥信息网（CHINAGBN）的互联互通。与此同时，《人民日报》正式推出了网络版。1999年中国电信宽带ADSL（非对称数字用户环路）正式商用，2000年北京国家级互联网交换中心开通，网间互通带宽由原来的不足10兆比特每秒提高到100兆比特每秒。2001年12月，中国十大骨干互联网签署了互联互通协议，中国联通CDMA移动通信网一期工程建成，并将在全国31个省、自治区、直辖市开通运营，标志着中国移动通信技术的发展进入了一个新领域。在此期间，人民日报网络版编辑部更名为网络中心，并正式启用“人民网”新域名。2012年我国主导制定的TD-LTE被国际电信联盟确定为第四代移动通信国际标准之一，当年国务院印发了《“十二五”国家战略性新兴产业发展规划》，提出实施宽带中国工程。2012年人民日报官方微博上线，2013年微信公众号开通推送，2014年手机客户端正式上线，《人民日报》在数字化转型的过程中通过媒介融合逐渐构筑起自己的全媒体阵营。从国家宽带互联的发展历程和人民网的诞生发展脉络中，可以清晰地看到宽带互联网技术对传媒业的融合发展起到的根本性促进作用。

媒体融合在宽带互联技术的支撑下，经历了非常关键的发展阶段。特别是 4G 技术的普及和 5G 技术的落地，成为媒体融合迅猛发展的坚实技术基础。2014 年中央深改组第四次会议审议通过《关于推动传统媒体和新兴媒体融合发展的指导意见》。这是我国关于媒体融合发展的顶层设计，自此“媒体融合”上升为国家战略。2015 年 12 月，习近平总书记强调指出，要研究把握现代新闻传播规律和新兴媒体发展规律，强化互联网思维和一体化发展理念，推动各种媒介资源、生产要素有效整合，推动信息内容、技术应用、平台终端、人才队伍共享融通。自此以后，媒体融合不仅表现为传统媒体和新兴媒体的融合，同时也更倾向于信息内容、技术应用的内在融合。2015 年出现了 HTML5 技术，2016 年实现了 VR 现场沉浸式报道，2017 年微视频短报道方兴未艾，2018 年人工智能引入新闻报道之中，2019 年人工智能合成主播登台，都是互联宽带技术以及衍生出的大数据、大运算支撑着媒体融合的新业态。通过回顾总结媒体融合的发展历史可以发现，其中最重要的驱动因素就是宽带互联技术的发展。

### （二）移动互联的普及提供了可靠的发展平台

媒体融合的产生另一个关键背景因素，就是基于移动互联技术发展起来的手持个人移动设备的发展。尤其是近年来手机终端技术的快速发展和普及，为满足个人随时随地获取信息的需求提供了技术和设备上的可行性，这也导致博客、微博、微信等适应手机终端的各类新媒体开始出现，并且不断演进，协同推进了媒体融合的发展。

站在技术的角度看，移动通信技术从 1G 到 5G 的每一次迭代升级，都是一次革命性的突破。在 1G 时代，模拟移动网只能传输语音信息，传输的信息形式单一，网络传输容量低。手拿“大哥大”、腰挂传呼机成为代表当时通讯业的典型形象。传呼机信息服务订阅，成为媒体行业楔入移动通讯业的唯一入口。在 2G 时代，互联网发展刚刚起步，人们只能打开简单的网页查询信息，短信为人们交流提供了便利条件。许多媒体也都推出基于短信或文字页面的手机报等媒体形式，进一步试水拓展新媒体版图。到了 3G 时代，用户除了利用台式电脑上网之外，利用移动通信网络获取信息的平板电脑和智能手机开始普及，并且满足了图文信息传输需求。在此基础上，传统媒体与网络媒体的互融共通也成为媒体行业发展的一片“蓝海”。4G 出现后，更是如雨后春笋一般出现了微信、微博、新闻客户端等新的信息分发渠道 APP，并逐渐取代了传统媒体占据了信息获取主渠道，这也导致了传统媒体纷纷加速向新媒体平台迁移。同时，媒体形式也由原来的图文类产品向短视频产品转换。由此可见，在 5G 技术普及后，由于具有高速度、大容量、泛在网、低功耗、低时延的突出特点，“万物在线、实时互联”都将成为现实，基于 5G 技术条件下的媒体融合，也将会迎来不可估量的革命性变化。习近平总书记所讲的“四全”媒体，就是对 5G 应用背景下媒体融合发展所做的方向性判断。

综上而言，移动互联的普及实现了设备端全域接入、客户端如影随形、生产端现场代入，打破了媒体生产所受到的场地和时空的天然限制，从而使得媒体生产体系和流程从线下搬到线上、从现实进入云端成为可能。为全媒体生产搭建了全时在线的媒体生产平台，使得文字、图片、音频、图像等全媒体产品的实时生产、协同生产、融合生产成为可能。

### （三）人工智能的突破性发展提供了可靠的技术手段

人工智能技术的概念和发展伴随着计算机技术的发展而发展，在传媒领域使用人工智能的创想，也一直是行业发展中引人注目的热门话题。但将这一创想转变为具有可行性的现实，则是建立在大数据处理能力基础上的人工智能技术。

传媒行业作为信息收集、处理、推送和呈现的全链条信息处理领域，从信息收集阶段开始，就需要强大的信息采集和处理能力。在传统媒体领域，这一阶段由于创造性工作要素较多，导致信息收集基本是靠人工处理。记者需要赶赴事件发生一线，亲身见证和验证事件发展过程和结果，并通过采访了解到其他见证者带有主观认识和感受的描述，加以自我意识的判断，并最终形成具有强烈个人价值取向的文字、图片和视频类的产品形式。在对产品的编审阶段，同样也必须依靠编审人员的知识、智力、逻辑和价值判断对产品素材加以取舍。在经历了以上必须依靠人工智力参与的脑力创造性劳动后，最终才能生产出确定的传媒产品。这样的创造性脑力劳动，在人工智能没有取得突破性进展的时期，计算机根本无法承担主要的创造性劳动，只能是作为传媒从业人员的信息记录工具和信息处理工具而存在。但是，随着互联网的不断发展，传媒领域的信息载体从以往的报纸、广播和电视等转变为可用数字格式存储信息的网络，从而使利用人工智能进行信息采集工作成为可能。目前，许多新的媒体形态和机构已经摈弃了由记者和编辑采集新闻的传统传媒产品生产方式，改由利用人工智能技术替代这一环节。他们利用基于网络时代的计算机大数据搜索和处理能力，通过记录和分析用户浏览历史，精准统计用户群体的关注点和兴趣点，并实时抓取网络相关新闻信息，将信息推送给用户。譬如新浪微博、头条新闻、网络浏览器等，都已普遍使用了基于智能搜索的人工智能技术。

随着人工智能技术的不断发展，人工智能在传媒领域的渗透也越来越深入，与传媒领域结合得也越来越紧密。人工智能技术不但介入信息收集、分析和计算环节，也开始逐步深度介入了信息的再加工、再处理和再生产过程。它们也不再是角色简单的信息“搬运工”，也开始从信息传媒“蓝领”的角色转为“白领”或“金领”。2018 年 6 月 13 日，新华社对外发布了“MAGIC”智能生产平台。这一平台由新华社和阿里巴巴成立的媒体人工智能公司新华智云独立研发。据新华社报道，“MAGIC”平台包含智能数据工坊、智能媒资平台、智能生产引擎、智能主题集市四大智能系统和五十余个子系统，可以运用 AI 算法将新闻素材自动拆解，并智能重新组装，自动剪辑渲染合成视频新闻，从而将新闻生产流程彻底改造为自动化的流水线生产。据报道，“MAGIC”平台首次应用在俄罗斯足球世界杯报道中，共产出37581条赛事短视频新闻，实时生成了俄罗斯世界杯169枚进球视频，平均用时50.7秒，最快一条《俄罗斯2:0领先埃及》生产耗时仅6秒。[①] 2019年12月12日，新华社在“MAGIC”平台基础上，又推出了新华社智能化编辑部，在生产环节，智能化编辑部利用“媒体大脑”、AI合成主播、时政动漫平台等智能化工具和平台，对新闻素材进行自动分类和标引，智能化生产文字、图片、AI主播视频、短视频、地图新闻、数据新闻、卫星新闻、VR、AR、MR等30余个品类的全媒体产品。如果说以往只是人工智能在传媒业的简单嫁接应用的话，新华社的智能编辑部则是一次人工智能的传媒领域的专项应用。目前看，智能编辑部处于概念启蒙或者初期起步阶段，但它也预示着人工智能将逐步与传媒行业实现深入对接和发展。

以上这种深入的发展和创新，对于媒体深度融合来说，是一项极为重要的革命性的标志。在此基础上，随着人工智

---

① 《新华社发布“MAGIC”智能生产平台》，http://www.xinhuanet.com/zgjx/2018-06/14/c_137252859.htm，登陆时间2019年6月14日。

能的不断完善，随着人工智能在传媒全链条、全领域的深度介入，传媒产品将实现智能化收集、智能化检索、智能化生产、智能化发送和智能化呈现。这种人工智能应用在新闻终端的表现形式，将不可避免地出现全媒体产品同步生产、同步发送、同步呈现的传媒格局，这也预示着媒体深度融合的最后一块技术拼图即将完成。

## 三、媒体融合发展的商业背景

在媒体融合飞速发展的过程中，商业力量是一个不可或缺的重要因素，无论是报纸、广播、电视和网络的出现，还是各种媒体形态的相互渗透融合，都与媒体技术、媒体内容的商业化具有密不可分的联系，就像商业全面贯穿于现代传媒业的起步、发展和壮大过程一样，商业元素同样是推动媒体融合发展的最为直接的动力。

### （一）市场化竞争成为媒体融合的强大推手

宽带技术、流媒体技术、无线通信等一系列技术的成熟和发展，使得无线开始具有与有线抗衡的后天优势，网络产品的吸引力也逐渐实现了对传统媒体产品的超越。随着这些优势的形成、超越的出现，对传统媒体带来的强烈冲击最为直接，便是受众和广告商的流失。

在传统媒体领域，由于国家对媒体行业的准入制度存在，使得传统媒体领域具有先天的垄断性、排他性优势。在传统传媒行业或是部分传媒领域，并非是完全的市场化。这种先天优势发挥着传统媒体护城河、护城墙的作用，但也给传统媒体带来很多消极的影响，譬如内源性创新需求不足、面对新生事物不敏感、应对新挑战不积极等。但是传媒行业的非完全市场化根本无法抵御广告行业的市场化行为。随着受众纷纷从传统传媒转向新兴网络传媒，广告投入也直接追随受众而流失。据中文互联网数据资讯网的《易观：2018中国互联网广告市场年度综合分析》显示，2017 年，国内广告行业精英规模达到 6.9 万亿规模，同比增长 6.28%。中国互联网其能够广告市场规模达到 3 万亿规模，同比增长 17.94%。在整体广告市场规模保持稳定的情况下，互联网广告凭借海量受众和不断创新的广告形式，在整体广告市场份额持续增加。2019 年，中国互联网广告市场份额将达到 4 万亿元。由于广告业的趋势变化，将传统媒体与新媒体之间的鸿沟和阻碍推翻，形成了一个巨大的统一媒体红海，市场化竞争的态势愈加明显。在商业化的传媒领域，许多传统媒体不得不顺应时代需求，开始了转型发展。2019 年 12 月，新京报社社长宋甘澍在一次媒体融合高峰论坛上透露，为了实现全员转型移动端，新京报再造策、采、编、发、审全流程，全报社包括采编、经营、发行、行政等在内的 1100 多人团队，为新京报 APP、微信、微博、抖音、快手等超过 100 个平台每天生产不少于 450 条图文、视频原创内容，实现了 7x24 小时新闻全覆盖；报社内部专门成立报纸编辑部，只有 11 位编辑专职办报纸。1100 人与 11 人的强烈对比，成为报纸等传统媒体转型的生动写照。

在此之前，无论是中央级媒体还是地方媒体，无论是国营媒体还是民营媒体，也都紧密结合自我定位和发展战略，开始了转型之路。随着媒体行业的市场化竞争的不断加剧，传统媒体平台的异质化发展趋势也愈加明显。传统媒体和新兴媒体相互借鉴、相互渗透、相互合并成为媒体发展的必由之路。在这条发展道路的前方，媒体融合成为了不二之选。

### （二）媒体泛化的趋势强化媒体融合的发展需求

在新兴媒体发展的过程中，媒体泛化的趋势背景，成为媒体融合的最大发展需求。媒体的泛化，包括媒体对象、媒体终端的泛化，同时也包括媒体主体和媒体身份的泛化。这种泛化打破了以往传统媒体行业多年来形成的固有界限，推动了媒体多态化、小众化的演化格局，也直接为媒体融合提供了需求可能。

首先，媒体泛化发端与微博等个人社交账号的泛化，特别是随着微信推出公众号功能后，其已经脱离了自我记录、自我满足的载体功能，更多地被赋予自我表现、自我表达、自我传播的拓展功能。微博、微信在功能方面的拓展，直接切入了属于传统媒体的业务范围，并将媒体信息的公众属性加以改变，使得传播的媒体信息更加个人化、个性化和情感化。这种个人化、个性化和情感化的特点，本质上已经与客观、中立、真实的传统媒体要求出现悖论。但在现实传播过程中，这种悖论的媒体信息却恰恰迎合了当前网络用户的多种需求，并迅速吸引众多受众的关注。可以说，网络个体的媒体化带动了媒体泛化的发展。其次，是媒体平台的泛化发展。网络风头正劲的头条号、企鹅号等多种新媒体号本质上是媒体平台泛化的结果。在这些商业新媒体号平台的背后，许多商业公司并不具备相关的新闻从业资质。深入分析商业新媒体号平台的诞生、成长和壮大过程，实质是适应了媒体融合的发展需求，专注打造了互联网性质的信息聚集平台，通过吸引具有新闻从业资质机构的入驻，为传媒机构提供互联网平台服务，实现将营运业务与传媒领域的紧密结合。这种转变，本质上是将传统媒体链状业务体系做了拆解，转化为横向平台模块建设，使得媒体的平台建设泛化。这些新兴媒体的出现，一方面是基于网络个体媒体化的发展需求，另一方面，则是对媒体平台的再造和改变。媒体泛化发展的第三个因素是媒体终端的泛化。在传统媒体时代，受科技发展所限，媒体终端主要形式为报纸、广播和电视。随着信息时代的发展，电视屏、PC 屏、平板屏和手机屏等多种媒体终端不断出现和演进，也对媒体形态的泛化提出了更多的要求。这种多媒体终端能够满足文字、音频和视频的单独呈现或者同步呈现的特性，成功引领了媒体融合的发展需求。

同样，在不远的未来，媒体终端的泛化发展，也将引领媒体融合产生新的变化。这种变化，不一定是媒体行业的自我革命，更多可能会像互联网带给媒体行业的变革一样，是被外力催生出来的。在 2019 年 6 月召开的 MWC 大会期间，华为消费者业务产品线总裁何刚公布了 5G 时代华为的全场景战略，即 1+8+N。1 是指手机，8 包括 PC、平板、TV、音响、眼镜、手表、车机、耳机八大业务，而 N 则包括移动办公、智能家居、运动健康、影音娱乐及智能出行四大板块。如果以华为公司为代表的科技产品界的战略成功实施，也将意味着媒体泛化的趋势将逐步渗入人们生活的方方面面，传媒业务生态将会出现一个更大的革命性变化，那将迎来一个真正的媒体融合的黄金时代。

### （三）市场“马太效应”助推媒体融合发展

随着媒体融合的发展，全媒体建设的技术支持也越来越复杂，获客成本也越来越高，使得对资金、技术、渠道的投入需求越来越大，导致初创的新媒体成长的商业实现路径越来越困难。媒体的竞争发展已从原来的“战国时代”逐步进入到了“寡头时代”，这也决定了只有选择媒体融合发展，才是媒体机构的成长壮大的必然选择。

市场经济领域的“马太效应”，在新媒体发展历程中呈现出极其明显的表现形式。在新媒体发展初期，新媒体市场处于蓝海阶段，“马太效应”的具体体现为“快鱼吃慢鱼”，在市场红海阶段，则体现为“大鱼吃小鱼”，在市场垄断时，则体现为强者通吃的鲜明特点。在这一阶段，北京字节跳动科技有限公司（简称“字节跳动”）的发展壮大就是非常具有代表性的案例。在蓝海阶段，能够顺应市场对新媒体需求的变化，便能占领媒体融合的先机。2012年3月公司成立后，8月份就推出产品“今日头条”，占领了平台建设头部位置，成为同类型产品的引领者。随着平台建设的竞争日益加剧，各种类型的平台建设层出不穷。而字节跳动则依靠前期发展积蓄，开始市场红海的“大鱼吃小鱼”策略，先后并购推出了“抖音”“西瓜视频”“火山小视频”等产品，并扬帆海外，将并购的触角伸到国外。在现阶段，市场的竞争已经进入了另一个阶段，随着传统媒体的觉醒，随着全媒体时代的到来，新华社、人民日报等传统媒体巨头也都开始了“跨界经营”，全媒体产品线也逐步形成。在传统媒体手握新闻从业资格的优势加持下，在国家传媒产业政策的引领下，虽然整个传媒领域依旧波澜四起，但是全媒体巨头已经呼之欲出，媒体融合发展的大趋势、大方向和大景愿已经清晰可见。

在可以预见的未来，传媒行业将会出现大调整、大变化和大融合。拥有资本优势、政策优势、渠道优势、内容优势、技术优势和受众优势的各类传统媒体和新媒体，都将会在竞争当中不断分化组合，尽力补齐短板，加快推进媒体融合发展，建立健全产品线，最终打造出小众化服务受众的全媒体业务。

# 第四章　媒体深度融合发展的现状

媒体深度融合是移动互联网时代发展的必然产物，是推动全媒体传播格局形成的必然要求，更是牢牢掌握意识形态控制和领导权的迫切需要。党的十八大以来，以习近平同志为核心的党中央高度重视媒体融合发展工作，习近平总书记发表了一系列重要论述，为如何推动媒体融合发展提供了科学的认识论和方法论。自 2014 年以来，我国媒体融合发展成效怎么样，取得了哪些阶段性成绩？

实践证明，在媒体融合发展这个重大课题上，我们把住了“势”，抓住了“时”，做到了因势而谋、顺势而为。六年来，从顶层设计到靴子落地、从起步到深入、从相加到相融，融合发展理念成为全社会尤其媒体行业普遍共识，并上升至国家发展战略，以思想认识新飞跃打开媒体融合发展新局面。在媒体融合发展思维理念、形式形态、工具手段、内容建设、平台打造、技术应用、经营管理、机制创新、舆论引导等方面取得了全面突破，融为一体、合而为一的全媒体传播格局正在形成，新闻舆论的传播力、引导力、影响力、公信力得到进一步强化，宣传思想文化阵地日益巩固、主流思想舆论更加壮大。

## 一、媒体融合发展已上升至国家发展战略高度

当前，推动媒体融合发展，正在从被动式响应向主动式应对转变，从技术、形势倒逼“不得不融”“要我融”到内生动力“我要融”“深入融”的阶段转变。无论传统媒体还是新兴媒体、中央媒体还是地方媒体、主流媒体还是商业平台、大众化媒体还是专业性媒体，从上到下都树立了“快一步天高地阔，慢一步满盘皆输”“一步领先步步领先，一步落后步步落后”的危机感、紧迫感和使命感，都在谋划改革创新举措，扎实推进媒体融合发展。

### （一）顶层设计画蓝图定方向

党的十八大以来，习近平总书记先后到解放军报社、人民日报社、新华社、中央电视台等单位视察调研，就传统媒体和新兴媒体融合发展作出重要部署，从国家战略和全局高度，从理论和实践层面，深刻回答了“为什么融合发

展”“怎样融合发展”“融合发展的目的”等一系列方向性、根本性、全局性、战略性的重大问题，为推动媒体融合发展工作提供了科学的认识论和方法论。习近平总书记站在新时代党和国家事业发展全局的高度强调，媒体融合发展目的在于做大做强主流舆论，使主流媒体更具传播力、引导力、影响力、公信力，打造网上网下同心圆，使全体人民在理想信念、价值理念、道德观念上紧紧团结在一起，巩固全党全国人民团结奋斗的共同思想基础，为实现“两个一百年”奋斗目标、实现中华民族伟大复兴的中国梦提供强大精神力量和舆论支持。①

**（二）相关配套政策陆续出台**

在媒体融合发展上升至国家战略层面后，从中央到地方，各级党委和政府审时度势，大刀阔斧改革创新体制机制，配套出台相关政策措施为媒体融合发展顺利落地保驾护航。《关于加快推进媒体深度融合发展的意见》《关于推动传统媒体和新兴媒体融合发展的指导意见》《新闻出版广播影视“十三五”发展规划》《关于深化中央主要新闻单位采编

① 习近平:《加快推动媒体融合发展　构建全媒体传播格局》,《求是》2019年第6期。

播管岗位人事管理制度改革的试行意见》《关于推进政务新媒体健康有序发展的意见》《互联网新闻信息服务管理规定》《国务院办公厅关于印发文化体制改革中经营性文化事业单位转制为企业和进一步支持文化企业发展两个规定的通知》以及《深化党和国家机构改革方案》等系列政策陆续出台，为媒体融合发展在体制机制、实践操作、机构管理、优惠待遇、员工激励、人员编制、征订服务、财税金融等方面提供了有力保障。同时，各级政府结合实际出台灵活政策，拿出财政资金用于支持推动媒体深度融合。2014 年以来，中央和地方财政部门下达文化产业发展专项资金，用于重点支持传统媒体和新兴媒体融合发展，要求优化资金使用方式，重点采用市场化运作。《新闻出版广播影视“十三五”发展规划》提出，要加快构建现代新闻出版广播影视市场体系，引导社会资本有序参与出版影视经营，扶持“专、精、特、新”小微出版影视服务企业发展，争取发改、财政、金融、税务、国资等部门的支持，形成支持新闻出版广播影视发展的稳定的财政保障机制和投融资体系。地方政府也通过多种方式途径，多措并举对媒体融合发展进行财政支持。不过，媒体融合对资金、技术相当依赖，财政支持补贴只是杯水车薪，各地发展存在严重不平衡。

### （三）广电媒体机构改革全面推开

2018 年 3 月，《深化党和国家机构改革方案》的印发拉开了机构改革序幕。随后，4 月 16 日，国家广播电视总局正式揭牌，成立媒体融合发展司，推进广播电视与新媒体、新技术、新业态创新融合发展，广电媒体融合开启了新征程。4 月 19 日，中央广播电视总台正式揭牌，充分整合原中央三台力量，聚焦核心之一就是推动引领媒体融合发展。由此，在中央和国家机构改革与媒体转型的背景下，省级广电机构改革也步入前台。5 月，《关于地方机构改革有关问题的指导意见》获中央全面深化改革委员会第二次会议审议通过，地方机构改革在全国正式启动。在获批的各地省级机构改革方案中，广电机构改革是重要一环，备受各大媒体关注。截至 2018 年 12 月，海南、黑龙江、浙江等 28 个省（区、市）的广播电视局相继挂牌成立。同时，县级融媒体中心建设全面推开，在全国各地开花结果。2018 年 9 月，中宣部在县级融媒体中心建设现场推进会上对县级融媒体中心建设作出了部署，并先行启动 600 个县级融媒体中心建设，要求 2020 年年底基本实现在全国的全覆盖。这为媒体融合发展明确了领导和执行机构，为打通媒体融合发展最后一公里，勾勒出了清晰的路线图和时间表。

## 二、媒体融合发展多点发力实现新突破

在融合发展战略推动下，媒体行业根据新形势主动顺应媒体传播规律，积极在新媒体领域精准发力、深耕细作，大力推进移动端、短视频、网络直播、综合平台等建设发展，媒体深度融合发展工作成效显著，实现了在用户流量争夺、传播渠道拓展、商业价值和舆论引导方面的突破多赢，为媒体融合发展注入了新活力。

### （一）移动优先成为媒体融合发展重点方向

“终端随人走、信息围人转”“一机在手、信息全有”已是当前网络信息传播的常态。人在哪儿，宣传思想工作的重点就在哪儿，移动端的快速发展带来一场全新的媒体变革，改变了人们的信息获取发布方式，培养了用户的使用习惯，成为人们工作生活和获取信息的日常手段。我国媒体行业移动端真正呈井喷态势发展起步于 2014 年。《第 46 次中国互联网络发展状况统计报告》显示，截至 2020 年 6 月，我国网民规模达 9.40 亿，其中手机网民规模达 9.32 亿，使用手

机上网的比例已达 99.2%，其应用主要集中在即时通信、搜索、新闻、远程办公、购物、外卖、支付、理财、网游、视频（含短视频）、短视频、音乐、文学、直播等方面。[①] 当前，与传统媒体相比，移动端、传感器、智能化已成为各大媒体争取用户和流量的制胜法宝和未来发展方向。“机不离手，天长地久；机不在手，六神无主”成为每个人的真实写照，很多用户已经或者正在远离报纸、杂志、电视等传统媒体。人们越来越依赖移动设备获取新闻信息，各大媒体从未像今天如此重视通过移动端发布、传播新闻信息，传播终端向移动化发展趋势从未像今天变得锐不可当。截至 2020 年 11 月末，我国国内市场上监测到的 App 数量高达 346 万款，其中游戏类、音乐视频类、日常工具类、社交通信类、系统工具类、生活服务类、新闻阅读类 App 位居下载排名榜前七位。[②] 可以说，移动互联网已经成为信息传播的主渠道，新闻客户端和各类社交媒体成为绝大网民特别是年轻人的第一信息源。

---

① 《第 46 次中国互联网络发展状况统计报告》，http://www.cac.gov.cn/2020-09/29/c_1602939918747816.htm，登录时间 2020 年 9 月 29 日。

② 《2020 年 1—11 月互联网和相关服务业运行情况》，http://www.gov.cn/shuju/2021-01/05/content_5577005.htm，登录时间 2021 年 1 月 5 日。

坚持移动优先策略，就要建设好自己的移动传播平台，将生产和经营的中心从传统报纸、广播电视领域转向新兴媒体领域、移动端口，让传统媒体通过打造移动端或者借助移动传播做大做强主流声音，牢牢占据舆论引导、思想引领、文化传承、服务人民的传播制高点。当前，客户端是移动优先策略的主要支撑点，无论是传统媒体和新兴媒体都已推出或正在推出自己的客户端或借助第三方移动端平台以争夺用户流量。在中央媒体方面，人民日报、新华社、光明日报、中央电视台等都推出了自己的移动端。在地方媒体方面，诸如北京长安街知事、天津津云、湖南新湖南、川报观察等。随着人工智能、大数据、云计算、5G、物联网、VR 等技术不断发展和应用，移动媒体将进入加速发展新阶段，移动端必将是未来媒体融合发展的重点和关键。

### （二）短视频成为媒体融合发展亮点

美国文化学者费雷德里克·詹姆逊说："整个文化正在经历一场革命性变化，从以语言为中心转向以视觉为中心。"[①] 视频形式早已在媒体传播中司空见惯，但早前视频

① 蓝水、熊筝：《后现代社会的文化转向 -- 论詹姆逊的后现代主义文化理论》，《湖北教育学院学报》2005 年第 3 期。

制作专业性强、成本高、传播渠道单一、互动性差等特点。2016 年，伴随着移动端的风潮，短视频应用迅速崛起，生产者传播者消费者界限模糊一体传播，在网络上掀起了一股短视频热潮，打开了传统媒体视频和新兴媒体视频的两条生产、传播、消费路径，成为一种新型的“新闻语言”传播现象，成为继微博、微信、客户端之后新闻传播的新方向新潮流，这对于探索融合转型的传统媒体来说是一个机会，这一年也被称为中国的“短视频元年”。

当前，短视频应用迅速崛起，已发展成为网络视听领域的新生力量。《第 46 次中国互联网络发展状况统计报告》显示，截至 2020 年 6 月，我国网络视频（含短视频）用户规模已达 8.88 亿，占网民整体的 94.5%，其中短视频用户规模为 8.18 亿。[①] 最近几年呈迅猛发展态势的抖音、火山、花椒、西瓜、梨视频、哔哩哔哩等短视频平台对年轻人产生了重要影响，甚至引领了获取信息、交友互动的社会风潮。2018 年以来，短视频行业与新闻、电商、旅游等产业不断深度融合，传播场景不断扩展，并成为积极探索助力乡村

① 《第 46 次中国互联网络发展状况统计报告》，http://www.cac.gov.cn/2020-09/29/c_1602939918747816.htm，登录时间 2020 年 9 月 29 日。

经济发展的新模式新平台；同时短视频平台不断拓展对外市场传播，抖音海外版 TikTok、快手海外版 Kwai 等应用积极扩张海外，下载量、使用率迅速攀升，成为中外文化交流的重要窗口。中国人民大学新闻学院教授宋建武在封面传媒 2019 年战略发布会现场表示，短视频这一风口千载难逢，传统媒体若想要真正把握这个风口，需要理解其背后的内在逻辑。“短视频的出现，让媒体传播手段、信息交互方式等都发生了本质性变化，主流媒体不把握这个机会就会没有未来。”[①]“无视频、不新闻”，信息获取从“大屏时代”切换到“小屏时代”，从单纯观看过渡到边播边评边互动。正是因为大势不可违，传统媒体纷纷进军短视频领域，加入短视频流量的争夺战，拓宽报道渠道，创新报道方式，实现新闻从文字、图片到短视频的全面升级，打造新型传播载体，与商业媒体形成互补而各具优势的特点。同时在内容建设、舆论引导方面，短视频供给了大量接地气、有思想、有温度、有品质的正能量作品。以知名博主李子柒为核心的团队，围绕中国传统文化打造的短视频吸引了大量国外网友关注，成

① 《短视频风口，媒体如何融合转型？6 位传媒大咖这样说》，http://dy.163.com/v2/article/detail/E1FP2GDV05148SKI.html，登陆时间 2018 年 11 月 20 日。

为他们认识中国的一个窗口。“我们不能动摇的是，主流媒体要做主流的事，供给正能量短视频是主流媒体的使命和责任。”[①] 参加“2019 全国短视频创意峰会”的新华网总编辑郭奔胜表示。正是不断通过短视频的创作、传播和交互，拓展了传统媒体的内容生产能力、全媒体传播能力，进一步提升了传统媒体在互联网传播竞争白热化格局下的舆论影响力。

**（三）网络直播成为媒体融合发展新常态**

“人人都是消费者生产者、人人都是摄像机麦克风”，正是当下直播常态化的真实写照。直播最早始于广播，之后电视也沿袭了这种播出方式，但在电视直播的潜能尚未完全释放时，网络直播瞬间取代了这种优势。尤其随着移动互联网的发展、移动端和直播设备的普及、画面技术提升以及 4G 时代的到来，网络直播渐渐进入了日常生活，不同于传统媒体表达的文字、图片、视频等传播形式，是一种超时空、实时性、互动性显著的互联网传播形式，将用户与直播内容、场景交互衔接在一起，用户本身以及传递的信息、置身的场景都是内容生产的一部分。美国科技作家罗伯特·斯考伯和

① 《郭奔胜：供给正能量短视频是主流媒体的使命和责任》，http://news.hnr.cn/201904/19/31188.html?fm=1，登陆时间 2019 年 4 月 27 日。

谢尔·伊斯雷尔认为：大数据、移动设备、社交媒体、传感器、定位系统构成的“场景五力”所产生的联动效应，正在推动建构一个未来真实可感的场景时空。①

数据显示，截至2020年6月，中国网络直播用户规模达5.62亿人，网民使用率达59.8%。在直播内容上，电商、游戏、真人秀、演唱会和体育内容是网络直播的布局重点，同时探索“直播+行业”模式，将直播延伸至教育、公益、电商等细分领域，相互融合发展，构建多元化、差异化、高品质的直播生态体系，加强线上线下联动，打造品牌IP，挖掘更多潜在用户和流量。近两年，“直播+电商”成绩比较亮眼，为整个行业注入了新的活力，截至2020年6月，电商直播用户高达3.09亿，占直播用户的32.9%，②网络消费空间得到释放，甚至在助力脱贫攻坚、疫情抗击等方面起了重要作用。当前直播平台以商业平台为主，随着资本市场对网络直播行业的追逐回归理性，商业直播平台正在朝着健康有序状态发展；主流媒体以央视直播和新华直播为主，凭借自身传媒影响力、行政权威、行业领导力吸引全国各行业媒

① 李建波:《主流媒体如何做好网络直播》,《新媒体研究》2017年第17期。

② 《第46次中国互联网络发展状况统计报告》, http://www.cac.gov.cn/2020-09/29/c_1602939918747816.htm，登录时间2020年9月29日。

体入驻打造聚合航母平台。地方媒体由于力量不够强大，直播平台建设方面存在一定滞后，主要依赖第三方平台来增加用户点击量和关注度。

主流媒体尽管很难挤进国内直播平台排名前端，但视频直播是传统媒体的天然行政优势，传统媒体在重大事件和特殊事件发生时，拥有第一时间或者提前进入现场的通行证，[①]同时拥有强大的专业策划能力和采编队伍，这是新媒体暂时与其无法抗衡匹配的优势。因此，传统媒体要强化优势抢抓先机，筑牢直播发展窗口，保持永远在线，做好社交互动，吸引用户流量。同时要强化资源整合，有效吸纳和转换社会资本，实现商业价值、社会价值的统一。

### （四）媒体融合发展平台建设受到空前重视

"有内容没用户，有流量没平台""苦恨年年压金线，为他人作嫁衣裳"是很多主流媒体面临的尴尬境地。相反，互联网上的主要传播渠道，很大程度上掌握在类似今日头条、凤凰新闻、新浪新闻、网易新闻、一点资讯、趣头条等商业平台手中。这也导致很多主流媒体的优质内容只有通过商业

---

① 丁宁:《传统媒体利用短视频及直播方式的研究探析》,《理论观察》2018年第8期。

平台传播来提升引导力影响力。借势用势可以兴一时，谋势控势才能长盛不衰。没有主流媒体自主可控的平台，意味着无法形成核心能力，就无法整合全网优质资源，就没有核心用户群，就会丧失主流媒体作为权威信息枢纽的功能，就解决不了联系群众、服务群众、引导舆论的问题。因此，主流媒体要提升主流声音影响力引导力，就必须整合全网全要素和核心资源，就要做大做强媒体平台，只有通过打造自主可控的网络平台，才能真正掌控网络舆论主导权。

按照习近平总书记所强调的，推动媒体融合发展，要坚持一体化发展方向，通过流程优化、平台再造，实现各种媒介资源、生产要素有效整合，实现信息内容、技术应用、平台终端、管理手段共融互通，催化融合质变，放大一体效能，打造一批具有强大影响力、竞争力的新型主流媒体。[①] 当前，从中央到地方主流媒体利用政策优势，正在扎实有序推进平台基础设施建设和功能横向扩张，推动产品服务由单一向复合型发展。同时，聚合体制内各方面资源，建设融媒体指挥中心，重构策采编发网络和流程，逐步推进用于支撑

① 习近平:《加快推动媒体融合发展 构建全媒体传播格局》,《求是》2019年第6期。

策采编发的中央厨房软硬件建设，理顺生产体制机制，打通融媒体采编发技术平台。尽管主流媒体在建设自主可控的平台方面取得了一定进展，中央级和少数省级媒体以及地市级媒体甚至走在平台化实践的前沿，但平台建设需要绝对的技术、资金支持，大部分主流媒体的平台化发展还处在萌芽阶段或者还缺乏一定建设和运营能力，这是当下的真实现状。

## 三、媒体融合发展从相“加”迈向相“融”阶段

随着新热点、新元素的注入，在相关政策以及市场的推动下，媒体行业立足形势，坚持导向为魂、移动为先、内容为王、创新为要，坚定不移推动媒体深度融合，实现了媒体融合发展点、线、面齐头并进，实现了从关键环节、局部突破到整体的全面推进、全面融合。

### （一）守正创新既做好增量又优化存量

“融合发展关键在于融为一体、合二为一。”融合，顾名思义，其对象只有为复数时才具备相融的条件，绝非攻其一点不及其余，传统媒体和新兴媒体不是取代关系，而是迭代关系；不是孰主孰次，而是此长彼长；不是谁强谁弱，而是优势互补。守正才能创新，推动传统媒体和新兴媒体融合发

展的前提，在于做好新兴媒体增量的同时，优化好传统媒体这个存量，对传统媒体进行强基固本、改革创新，而不是顾此失彼，尤其要维护好发展好长期以来凭借优质内容的生产能力以及政治过硬、本领高强的高素质专业化队伍，在观众心目中形成的品牌公信力、影响力，这是新兴媒体无法撼动和需要借助的原始力量。六年来，主流媒体没有自废武功，而是在主动甩掉不合时宜包袱的基础上强化优秀传统基因，坚持内容为王，精耕细作，借助新兴媒体在技术应用、传播渠道、用户思维、语言体系、传播风格以及即时性互动性强等方面的优势，把最新时讯、原创内容、权威报道、深度解读、锐点评论等优势向新兴媒体延伸，实现精准传播、有效传播，催化融合变质，放大一体效能，继续做强做大主旋律生产力，实现了传统媒体的重生再塑和新飞跃。

**（二）报（台）网端融合稳步推进**

2013年，中国传媒产业结构份额出现重大变化，互联网及移动媒体行业收入增幅和市场份额对传统媒体实现双超越，尤其是新兴媒体对传统媒体的替代作用愈发明显，倒逼传统媒体转型发展。传统媒体在营收和舆论引导等多重压力下纷纷寻求转型突破，把传统内容向网络平移，同时强化报

（台）网间的互动，我国媒体行业进入到融合发展 1.0 阶段。这一时期网络只是纸质报刊、电视内容的翻版和平移，是一种形式上的融合（你仍是你、我还是我），网络没有得到真正重视。

随着移动互联网的普及，“移动互联网 + 媒体”成为媒体行业外延扩张和内涵增长的主线，移动优先发展具备了硬件条件，“两微一端”建设进入发展风口，后期中央厨房建设备受媒体行业关注，使报台网端融合成为可能，媒体融合发展进入 2.0 阶段。这一时期主要强调移动端的快速发展，加上中央厨房这个指挥中心的出现，呈现出移动融合、内容融合、过程融合的特点（你中有我、我中有你）；在融合 3.0 阶段，机构改革、体制机制和生产流程的打通是关键。即报台网端微相融彼此联动，建立策采编发一体化协调机构，统一指挥、资源整合、多元分发，在采（编）前会同时评报评网评端，这一时期的发展也包括云平台、大新闻中心以及省市县融媒体中心的建设和成立。在这一阶段，侧重大体制机制的融合，报（台）网端微之间的策采编审发以及人员配置相继打通，这使智能策划、统一指挥、统一采编、共享分发、个性推荐、科学评价、自由发展等功能融为一体成为可能。

当前，我国主流媒体已经或者正在进入融合 3.0 阶段。无论是中央媒体还是地方媒体，在做强传统业务的同时，纷纷进军客户端、微博、微信以及媒体号，打造自己的云平台、聚合平台，通过造势借势用势，与资金雄厚、技术成熟的第三方平台进行合作，入驻今日头条、抖音号、百家号等商业平台。N 微 N 端 N 平台俨然成为各大媒体融合发展的标配，资源得到充分整合利用，多平台分发范围更广传播力更强。以北京、天津、江苏为例，各地广电媒体都打造了独具自身特色包括客户端、微信公众号、小程序、平台号、微博号在内的新媒体传播矩阵，和传统的广播报（台）网形成了媒体融合 + 新生态。当然，报台网端融合过程中，要打造自己的风格和独家内容，避免同质化现象泛滥，当统则统，当分则分，统分结合。

### （三）互联网 + 政务服务成为媒体融合发展热点

互联网 + 政务服务是主流媒体适应分众化、差异化传播趋势，凭借其权威性及职能特质，将政府职能平台化、延伸化、便民化，打造数字型政府，实现“信息多跑路、群众少跑腿”的关键环节，是党和政府联系群众、服务群众、引导舆论，推进国家治理体系和治理能力现代化的有效手段。

近年来，在互联网＋政务服务相关政策指导下，尤其2018年《国务院办公厅关于推进政务新媒体健康有序发展的意见》的出台，从中央到地方积极探索实践，通过政务网站、微博、微信、平台号和客户端等积极开展“互联网＋政务服务”，为加快推进国家治理体系和治理能力现代化探索出一条信息化、数字化和现代化的发展模式，尤其在2020年疫情防控中发挥了有力支撑，得到社会公众和广大网民的普遍认可，其中国家政务服务平台建设“防疫健康信息码”，让一个健康码通行全国成为可能，有力支撑了疫情防控。截至2020年6月，我国在线政务服务用户规模达7.73亿，占网民整体的82.2%。①

政务微博始于2009年，作为政务新媒体中起步最早、发展最成熟的平台，2013年正式纳入政府工作制度和工作报告。截至2019年12月，经过认证的政务微博数量达13.9万个，在政务公开、政民互动、政务服务等方面改善明显。同时，微博正在拓展延伸自身价值功能，盘活社会商业、行政、公益、评价资源，升级从发布到问政再到行政的

---

①《第46次中国互联网络发展状况统计报告》，http://www.cac.gov.cn/2020-09/29/c_1602939918747816.htm，登录时间2020年9月29日。

综合价值，巩固其在政务新媒体矩阵中继续发挥核心作用。

政务微信方面，《2018 微信公众平台政务、媒体类账号发展报告》[①]称，政务及媒体类公众号粉丝总量达到 35 亿，相当于平均每个微信用户关注 2.3 个政务号和 1 个媒体号。自身特色也日趋明显，便民服务和政民互动更加突出，服务边界不断拓宽，整体协同功能发挥、矩阵化多重服务体系建构也得到进一步提升。

政务平台方面，2019 年国家政务服务平台整体上线试运行，对民众提供国务院部门 1142 项和地方政府 358 万项在线服务，用户注册数高达 2.39 亿。App 建设也稳步推进，中央层面：国务院客户端于 2016 年正式上线。地方层面：2016 年浙江省推出“最多跑一次”改革、2017 年江苏省探索“不见面审批”模式、2018 年重庆市推出“渝快办”移动政务服务平台。截至 2018 年 12 月份，全国 70 个大中城市的政务客户端共计 534 个，类别涉及交通、社保民政、公共安全、医疗卫生、公积金、新闻资讯、城市管理等，比 2017 年增长 3.9%，其中北京、上海、宁波位列前三。当

---

① 《腾讯：2018 年平均每个微信用户关注 2.3 个政务号和 1 个媒体号》，http://www.cs.com.cn/ssgs/gsxw/201901/t20190117_5916545.html，登陆时间 2019 年 10 月 2 日。

然，商业巨头等第三方平台也在积极布局网上政务服务领域。阿里巴巴推出的让市民可以像逛淘宝一样在网上办理政务服务、民生服务的“支付宝＋政务服务”计划，已在全国 400 多个城市（含县级市和省直辖县）推行，比 2017 年增长了 21.4%。同时，支付宝搭载的政务服务数量也大幅增加，各城市平均增幅为 40.12%。此外，政务头条号、抖音号也成为政务新媒体发展的新宠。

### （四）县级融媒体中心建设工作拉开帷幕

县级融媒体中心建设，是打造国内基层宣传思想工作和精神文明建设、引导和教育群众、为民排忧解难、融合走好线上线下群众路线工作的重要平台，是整合县域媒体资源，聚焦宣传群众、凝聚群众、服务群众，巩固壮大主流思想舆论的重要举措，对建设自主可控互联网平台、构建中央到省市县全媒体传播矩阵、提升基层治理体系和治理能力现代化具有重要意义。

2018 年 8 月 21 日，习近平总书记在全国宣传思想工作会议上强调，“要扎实抓好县级融媒体中心建设，更好引导群众、服务群众。”从国家层面拉开了我国县级媒体融合的序幕，目标直指打通媒体融合发展最后一公里，发挥县域的治理主体作用。同年9月，县级融媒体中心建设全面开启。紧接着，11月14日召开的中央全面深化改革委员会第五次会议审议通过《关于加强县级融媒体中心建设的意见》，为各地县级融媒体中心建设提供了基本指导和思路。2019年1月，中宣部和国家广电总局联合发布《县级融媒体中心建设规范》《县级融媒体中心省级技术平台规范要求》，从技术系统的总体架构、相关指标、各项功能及测试验收等方面对县级融媒体中心建设提出实质性指导。

当前，我国县级融媒体中心建设不断开拓、稳中有进，正朝着主流舆论阵地、综合服务平台、文明建设窗口、宣传文化基地、基层信息枢纽、群众办事帮手等“一中心多功能”方向迈进，呈现出全面挂牌、系统铺开与试点推广发展态势，省域统筹、市域联动和县域自主建设发展态势，在建设渠道、经营管理、盈利模式等方面各显神通，取得了一些成绩。在建设渠道上，根据资金、技术、安全等实际选择自建或借助省级平台；在运维盈利上，构建“互联网＋综合服务”传播生态，向移动端做增量，融合党建、治安、教育等服务，同时引入电商、文娱、生活等内容，打造“政务＋电商＋服务＋文化＋互动”模块，既保证舆论引导基本功能，又能向人民群众供给多样综合服务；在经营管理上，创新体制机制，响应机构改革，精简撤并或新增部门，进行扁平化管理运营，通过整合县域广播、电视、报纸、期刊、网、端、微等公共媒体资源，进行一体化运作，再造采编发流程，构筑“统筹策划、一次采集、多种生成、多渠道传播”方式，逐步实现媒体融合从“物理相加”迈向“化学相融”，在内容生产、传播能力和持续发展能力上都有很大的提高，取得阶段性成果。截至2019底，北京、福建、天津、贵州、甘肃、江西、新疆、上海、黑龙江等省份已经实现县级融媒体中心在全省、市、区的全覆盖。

随着深入推进，县级融媒体中心将成为该区域的主流强势媒体、虚拟的政务服务中心、联结党和人民的重要桥梁，对于强化党的领导、服务人民群众、引领社会风尚将起到重要作用。[①] 但也有一些县级融媒体中心建设存在合而不融、资金不足、技术薄弱、影响力不强、持续发展能力欠缺、人才队伍缺失等问题。

---

① 《殷陆君：切实把握媒体融合发展的战略机遇》，https://baijiahao.baidu.com/s?id=1628598085817545641&wfr=spider&for=pc，登陆时间2020年10月2日。

### （五）媒体融合传播技术广泛得到应用

移动优先、精准分发、海量提取、内容审核、人工智能、虚拟现实、效率提升、全息媒体构建等都离不开技术的革新和广泛应用，没有技术的革新应用，就没有媒体融合发展的推进。这五年，随着5G大数据、云计算、物联网、人工智能、区块链等技术不断发展，媒体移动化、媒体智能化进入加速发展新阶段。这五年，我们抢抓互联网、移动传播、大数据等技术革命机遇，利用新技术新理念构建多功能媒体融合发展的平台载体，打造媒体传播新方式新生态，使全程媒体、全息媒体、全员媒体、全效媒体成为现实。

在众多新技术新媒介不断赋能，催生新业态的环境下，当前几乎所有的媒体都在积极布局新技术在媒体融合发展中的应用。例如，媒体和人工智能技术的结合已由早期概念进入了真正的产品形态，在内容播报、内容审核、分发营销与IP评估领域，以及机器人写稿、AI主播、语音识别、智能剪辑、智能采编、智能校审等等已不足为奇，“PGC+UGC+MGC”的新闻生产模式也应运而生，使“媒体+AI”成为常态。信息分发更加分众化、精准化、效率化、互动化，尤其在信息智能推送领域，以“算法推荐”——通过技术应用，算法搜集、预测和生成用户的兴趣图谱、知识体系、个人画像等数据，再根据用户的这些信息智能精准推送符合用户阅读视听习惯的内容。以人民网为代表的主流媒体也在打造“党媒算法”“主流媒体算法”，实现了舆论导向守正与信息分发高效的双赢。可见算法推荐将成为媒体传播的主要分发方式，从而改变信息传播的逻辑和规则。在5G应用方面，随着国内5G商用环境持续完善，媒体行业积极应用5G技术助推媒体深度融合，带给用户全新体验。人民日报社第一批完成媒体行业5G宏基站本地化部署的单位；总台积极采用“5G+4K+AI”新技术，与第三方合作打造了国内首个国家级“5G新媒体平台”；同时，随着VR/AR技术的成熟，凭借其技术的构想性、沉浸式、多感知性、交互性，让用户在虚拟的世界里体现最真实的感受，在真实的环境里延伸自己的视觉、听觉、触觉等感知逻辑和系统，彻底改变了人机交互方式，虚拟现实技术正在成为媒体融合发展的新世界、新的增长点。

媒体融合的下半场如何走、走向哪里？技术同样是关键。融合发展要做好，就要始终保持技术敏感[①]，始终瞄准先进技术、可用技术，及时将其融入新闻采集、生产、加工、分发、传播、互动、反馈全过程，运用人工智能、大数据、云计算、物联网、5G、VR、区块链等技术构建全媒采编发云平台和传播形式，打造智能采编、智能生成、智能分发、智能传播、智能互动，以先进技术引领转型升级，用主流价值导向驾驭“算法”，大力发展智慧媒体，以多元跨界的各类内容为内核和纽带重新定义和人的连接，包括人与信息、人与服务、人与商品、人与人、人与机器之间的连接方式，实现弯道超车，全面提高媒体舆论引导能力。

总之，推动媒体融合发展，是巩固宣传思想文化阵地、壮大主流思想舆论的战略举措。党的十八大以来，在以习近平同志为核心的党中央带领下，媒体融合发展的推动工作从起步到深入、从规划到落实，从相加到相融，每一步都体现着中央对新闻舆论工作的高度重视。这五年，无论传统媒体还是新兴媒体、中央媒体还是地方媒体、主流媒体还是商业平台、大众化媒体还是专业性媒体，从中央到地方，从上

① 《庹震：推进媒体融合发展是时代赋予的重大责任》，http://media.people.com.cn/n1/2017/0819/c120837-29480919.html，登陆时间 2020 年 8 月 1 日。

到下都树立了推动媒体融合发展战略，遵循新闻传播规律和新兴媒体发展规律要求，按照“融为一体、合而为一”的原则，坚持导向为魂、移动为先、内容为王、创新为要，从时度效着力，体现时度效要求，强化互联网思维，以先进技术为支撑，重视传播能力和渠道建设，让主流媒体充分利用新技术新应用创新媒体传播生态，主动借助新媒体传播优势，建立融合传播矩阵，打造融合产品，实现信息传播的全方位覆盖、全天候传播、多领域拓展，牢牢占领信息传播制高点。同时在体制机制、政策措施、流程管理、人才技术等方面也取得了突破。

实践证明，面对改革发展稳定复杂局面、社会思想意识多元多样和媒体格局深刻变化，通过推动媒体融合发展，全媒体传播格局基本形成，主流媒体的传播力、引导力、影响力、公信力更加强大，意识形态工作领导权、管理权、话语权没有丝毫放松和削弱，反而得到了进一步加强和巩固，正能量更强劲、主旋律更高昂，国际传播能力逐步增强，世界话语体系中的“西强东弱”局面正在改变，做到了读者在哪里，受众在哪里，宣传报道的触角就伸向哪里，宣传思想工作的出发点和落脚点就放在哪里。

# 第五章 在媒体深度融合中巩固壮大主流思想舆论

新闻舆论工作处在意识形态斗争的最前沿，是意识形态工作的重要组成部分，做好新闻舆论工作对巩固壮大主流思想舆论极为关键。在互联网高度发达、信息获取多元便捷、传播手段日新月异的当今社会，舆论主体、舆论阵地、舆论内容、舆论生态都呈现出许多新的特点，对我们党扩大主流思想舆论的传播力、引导力、影响力、公信力，牢牢掌握意识形态领导权提出严峻考验。因此，通过加速构建舆论引导新格局，不断巩固壮大主流思想舆论就显得尤为迫切和必要。

## 一、构建舆论引导新格局是大势所趋

在当今中国，随着信息技术尤其是移动互联网技术的飞速发展，互联网已经成为思想舆论斗争的新领域和主阵地，构建舆论引导新格局势在必行。加速构建舆论引导新格局，不仅有利于推动媒体融合战略的落地生根，也有利于坚持和完善繁荣发展社会主义先进文化的制度，巩固全体人民团结奋斗的共同思想基础，推进国家治理体系和治理能力现代化。

### （一）互联网空间成为舆论斗争主战场的客观要求

据统计，截至2020年6月，在互联网基础设施方面，我国IPv6（互联网协议第6版）地址数量为50903块/32，居世界第二位。在网民规模方面，我国网民达9.40亿，互联网普及率达67.0%。其中，手机网民达9.32亿，网民使用手机上网比例达99.2%。[①] 从我国空前完善的互联网基础设施、空前庞大的网民规模尤其是移动互联网用户规模可以看出，互联网空间已成为思想舆论斗争的主战场。思想舆论斗争的主战场已从线下转到线上，且正从PC端急速向移动端转移。因此，必须加快向互联网进军、朝移动互联网发力的步伐，加速构建舆论引导新格局，牢牢掌握舆论引导主导权。

---

① 《第46次中国互联网络发展状况统计报告》，http://www.cac.gov.cn/2020-09/29/c_1602939918747816.htm，登录时间2020年9月29日。

### （二）推动媒体融合发展战略的实践要求

近年来，在互联网、大数据、人工智能等新技术的快速发展和应用下，新兴媒体异军崛起，快速推动我国传统媒体和新兴媒体融合发展的步伐，构建融为一体、合而为一的全媒体传播格局是大势所趋。此外，当下盛行的产品形态不再局限于图文、音频、视频等形式，还有 H5、网络直播、智能播报等融媒体新产品形态，凸显出即时性、互动性、社交性等显著特点。面临融媒体时代全新的信息传播格局和传播产品形态，新闻舆论工作必须主动适应媒体融合发展的规律，加速构建舆论引导新格局。

### （三）推进国家治理体系和治理能力现代化的内在要求

发展社会主义先进文化、广泛凝聚人民精神力量，可以为推进国家治理体系和治理能力现代化提供深厚支撑。党的十九届四中全会明确提出，坚持和完善繁荣发展社会主义先进文化的制度，必须“围绕举旗帜、聚民心、育新人、兴文化、展形象的使命任务”。[①] 这与新形势下党的宣传思想工作“举旗帜、聚民心、育新人、兴文化、展形象”的使命是高

---

① 《中国共产党第十九届中央委员会第四次全体会议文件汇编》，人民出版社 2019 年，第 42 页。

度吻合的。党的十九届四中全会还提出完善坚持正确导向的舆论引导工作机制。这些新论断从推进国家治理体系和治理能力现代化的高度，赋予新闻舆论工作新的内涵和要求。而通过构建舆论引导新格局壮大主流思想舆论，不断巩固全体人民的共同思想基础是其题中应有之义。

## 二、准确把握舆论引导新格局的基本内涵

在互联网尤其是移动互联网高度发达的时代，在媒体深度融合的大趋势下，不断巩固壮大主流思想舆论，必须在坚持党管媒体根本原则的前提下，着力构建网上网下舆论一体发展、国内国际舆论联动协调、主流思想舆论占据主导的舆论引导新格局。

### （一）"两个舆论场"并不存在，网上网下舆论一体发展是必然选择

关于思想舆论，当今国内社会还有一种"两个舆论场"的说法。该观点认为，中国新闻舆论界存在官方和民间两个舆论场。官方舆论场，是指以党报、党刊、各级广播电视台等主流媒体为主要依托的舆论场，他们的主要阵地在报刊、电视、电台等传统媒体，代表的是党和政府的观点和声音；

民间舆论场，是指微信、微博、网站、社交软件等为主要载体的舆论场，他们的主要阵地在互联网上，更多地代表民间的观点和声音。在此基础上，该观点认为，党管媒体的原则主要是针对官方舆论场内的主流新闻媒体，并不适用于带有媒体属性的商业平台或是自媒体。持这种观点的一部分人甚至认为，两个舆论场在对许多事件的观点和看法上是相互矛盾的、利益是相互冲突的。这些说法实属错误、危害很大。

从理论层面来讲，坚持党管媒体原则，通过党管媒体全覆盖实现网上网下舆论一体发展，体现着党性和人民性的统一。党性和人民性从来都是一致的、统一的，党始终代表着最广大人民群众的根本利益。没有脱离人民性的党性，也没有脱离党性的人民性。在党的新闻舆论工作中，坚持党性原则，贯彻党管媒体原则，也是党性和人民性的统一。党的新闻舆论媒体的所有工作，既要体现党的意志、反映党的主张，又能把党的理论和路线方针政策变成人民群众的自觉行动，及时把人民群众创造的经验和面临的实际情况反映出来，丰富人民精神世界，增强人民精神力量。从这个意义上讲，所谓的官方舆论场和民间舆论场“两个舆论场”并不客观存在，更谈不上二者在观点、立场、利益上的分歧和冲突。"在当今中国社会，其实只存在一个大的社会舆论场，即使在形式上硬要划分两个舆论场的话，那么两者在认知和观点上也是基本一致的，任何时候都不会出现相左、不协调或相互矛盾冲突的现象和局面。如果在网络上偶尔出现此类情况，那也只是网上个别人、少数人的意见和看法，尚不构成舆论，更未形成舆情，因而无法上升到舆论场的高度"[①]。

从具体实践来看，媒体融合尤其是主流媒体良好的发展势头，奠定了网上网下舆论一体发展的坚实基础。自 2014 年媒体融合上升为国家战略以来，各级主流媒体通过新媒体技术的利用、采编流程的优化、新型传播平台的创建、体制机制的改革等多种创新方式和手段，大力推动媒体融合的步伐，形成了一批具有强大影响力、竞争力的新型主流媒体传播平台，网上网下舆论一体发展的格局已经初具雏形。从整体上看，以人民日报社的中央厨房模式、新华社的中国第一个媒体人工智能平台——"媒体大脑"、我国首个国家级 5G 新媒体平台——中央广播电视总台"央视频"5G 新媒体平台等为代表的中央融媒体技术变革，以天津津云新媒体集团

① 沈正赋:《舆论宣传·舆论监督·舆论引导：中国共产党舆论思想发展进路研究》,《新闻与传播评论》2019 年第 2 期。

股份有限公司、湖北广电的长江云新媒体平台等为代表的省级融媒体平台的创建，乃至以浙江省湖州市长兴传媒集团、北京延庆区融媒体中心等为代表的县级融媒体中心建设，近年来，从中央到地方级各级主流媒体在推动媒体深度融合发展推出了一系列重大创新举措，快速推动并引领着我国媒体融合发展的方向，为实现网上网下舆论一体发展创造了良好条件。

### （二）国内国际舆论联动协调，重在提升国际舆论引导力

党的十八大以来，中国特色社会主义进入了新时代，我国经济保持中高速增长，在世界主要国家中名列前茅；国内生产总值稳居世界第二，对世界经济增长贡献率超过百分之三十。中国的综合国力和影响力空前提高，加快形成与中国综合国力相匹配的国际话语权势在必行。“落后就要挨打，贫穷就要挨饿，失语就要挨骂。”想要不失语，就必须牢牢掌握国际话语权。谁掌握了国际话语权，谁就掌握了舆论制高点。

作为提升国际话语权的重要手段，新闻舆论工作肩负着对外传播好中国声音，讲好中国故事，弘扬中华文化的重

要使命。主流媒体在做好国内新闻舆论工作的同时，还需着重提升其在国际上的新闻舆论传播力、新闻舆论引导力、新闻舆论影响力，做到国内舆论和国际舆论“两手抓两手都要硬”，为实现国内舆论与国际舆论的联动协调发展夯实基础。

习近平总书记指出，在全面对外开放的条件下做宣传思想工作，一项重要任务是引导人们更加全面客观地认识当代中国、看待外部世界。[①]是否具备较高国际舆论引导力，关键取决于能否让世界更客观更深刻了解中国。正确的国际舆论导向，要让世界各国人民理解中国特色社会主义植根于自身独特的传统文化、历史命运和基本国情，让世界各国人民信服中国是旨在构建人类命运共同体的负责任大国，让世界各国人民熟悉博大精深的中华传统文化，让世界各国人民坚信中国是维护世界和平的重要力量。是否具备较高的国际舆论引导力，还体现在能否让中国更全面更加清醒认识世界。习近平总书记强调，对世界形势发展变化，对世界上出现的新事物新情况，对各国出现的新思想新观点新知识，我们要加强宣传报道，以利于积极借鉴人类文明创造的有益成果。[②]

① 习近平:《胸怀大局把握大势着眼大事 努力把宣传思想工作做得更好》,《人民日报》2013年8月21日第1版。

② 同上。

俗话说“他山之石，可以攻玉”，对于外部世界的新观点新事物，主流媒体需及时准确地将其用中国老百姓喜闻乐见的形式予以推介反映，这毋庸置疑。然而“外国的月亮也不都圆”，主流媒体同时必须坚持“去粗取精、去伪存真”的原则，向国内公众推介客观且充满正能量的外部世界信息。上述两方面能力可以称为“两个能否”，提升国际舆论引导力，“两个能否”缺一不可、不可偏废其一。

### （三）主流思想舆论占据主导，是构建舆论引导新格局的核心目标

网上网下舆论一体发展、国内国际舆论联动协调、主流思想舆论占据主导是新时代舆论引导新格局的三个基本要素，也是新时代舆论引导新格局的三个显著特点，三者相互依存、密切联系，是辩证统一的关系。首先，网上网下舆论一体发展，是实现国内国际舆论联动协调的前提和条件。实现国内国际舆论联动协调，必须坚持网上网下舆论一体发展。不论是引导国内舆论还是国际舆论，只有在网上和网下两个舆论阵地积极发声、一体联动、同向而行，才能更好地实现二者的联动协调。其次，国内国际舆论联动协调，是实现网上网下舆论一体发展的内涵和要求。坚持网上网下舆论

一体发展，不只局限于国内思想舆论的引导，对国际思想舆论的引导也同样适用，同时还要通过网上网下一体发展更好实现二者联动协调发展。不能因为国内舆论引导的成熟和便利，仅满足于国内舆论的网上网下一体发展；也不能因为国际舆论引导的挑战和艰难，偏废国际舆论的网上网下一体发展；更不能忽视网上网下一体发展对国内国际舆论联动协调的关键作用。最后，坚持网上网下舆论一体发展、国内国际舆论联动协调，是实现主流思想舆论占据主导的重要手段，而主流思想舆论占据则是坚持网上网下舆论一体发展、国内国际舆论联动协调的核心目标所在。

当前，由于我国媒体融合战略的大力推行，尤其是县级融媒体中心建设步伐的启动和加速，我国传统主流媒体向融媒体转型的成效日益显著，媒体融合纵深发展日益深入，网上网下舆论一体建设日益成熟。同时，伴随着近年来商业平台内容发布的规范化管理持续改进，从总体上看当前主流思想舆论处于主导地位，正能量的信息传播占据主体地位。然而，在互联网高度发达日益普及、人人都是信息传播者的大背景下，海量信息难免良莠不齐、鱼龙混杂，仍旧存在一些非主流的思想舆论，对凝聚人民强大的精神力量产生消极影响。习近平总书记指出，思想舆论领域大致有红色、黑色、灰色“三个地带”。红色地带是我们的主阵地，一定要守住；黑色地带主要是负面的东西，要敢于亮剑，大大压缩其地盘；灰色地带要大张旗鼓争取，使其转化为红色地带。因此，通过构建网上网下舆论一体发展、国内国际舆论联动协调、主流思想舆论占据主导的舆论引导新格局，不断巩固和壮大主流思想舆论，其本质就在于不断扩大红色阵地的领地，最大限度地压缩黑色阵地的地盘，积极将灰色地带转变为红色，持续增强主流思想舆论的传播力、引导力、影响力、公信力。

## 三、构建舆论引导新格局的主要策略

构建舆论引导新格局，事关我国媒体融合发展战略的快速推动，事关党对意识形态工作领导权的牢牢掌握，事关推进国家治理体系和治理能力现代化的顺利实现，必须在科学认识和准确把握舆论引导新格局基本内涵和特征的基础上，找准加快构建舆论引导新格局的着力点，不断做强做大主流思想舆论。

### （一）确保红色地带始终主导社会舆论场

在我国具体舆论语境中，红色思想舆论地带（即“红色地带”）具有丰富的内涵和特点。红色思想舆论地带，肩负着维护和宣传坚持中国共产党领导、坚定不移走中国特色社会主义道路的使命；肩负着坚持和宣传中国特色社会主义基本经济制度的使命；肩负着宣传反对霸权主义和强权政治，维护世界和平，促进人类进步，推动构建人类命运共同体，推动建设持久和平、共同繁荣的和谐世界的使命；肩负着反映积极、向上、健康主流思想价值观的使命，比如社会主义核心价值观、中国优秀传统文化、世界优秀民族文化等等。同时，还肩负着与一切削弱、歪曲、否定中国共产党的领导和社会主义制度、质疑中国特色社会主义基本经济制度、污蔑中国“国强必霸”摆不脱“修昔底德”陷阱、传播负面虚假消息等黑色思想舆论和灰色思想舆论时刻做斗争的重大责任。

作为意识形态斗争的前沿阵地，新闻舆论工作在巩固马克思主义在意识形态领域指导地位方面有着不可替代的作用和不可推卸的使命。新形势下新闻舆论工作，必须坚持党管媒体原则，坚持团结稳定鼓劲、正面宣传为主，唱响主旋律、弘扬正能量，让红色思想舆论地带始终主导社会舆论场。各级政府直接管理的主流媒体，由于其自身的绝对权威性毋庸置疑是壮大主流思想舆论的主力军。

确保红色地带始终主导社会舆论场，主流媒体必须从以下几个方面着力。一是要在重大热点事件面前积极主动发声。在重大热点事件尤其是突发应急事件发生时，主流媒体要在第一时间向社会公众发布事件的动态和进展情况，及时满足广大社会公众的知情权，防止让他们被迫选择黑色舆论地带的虚假负面信息并进行盲目扩散蔓延，要坚决杜绝“虚假不实消息满网飞，真实情况还躺在公文上睡大觉”的被动情况。二是要在重要时间节点善于设置议题。在事关国家重大政务活动、纪念活动等关键时间节点，主流媒体要善于设置议题，将公众的眼光和关注点及时并牢牢吸引在红色舆论地带，大力弘扬主旋律，持续传播正能量。只有不断提高设置议题的能力，才能在整个社会舆论场中，让黑色舆论地带没有可乘之机，让灰色舆论地带存在“变红”的可能。三是面对思想舆论谬误要敢于亮剑、及时澄清。在传播格局多元化的当今社会，出现不符合主流思想舆论的错误思想和舆论不可避免，主流与非主流思想舆论的碰撞、正能量和负能量思想舆论的交锋，也在所难免。主流媒体必须敢于亮剑，及时澄清谬误，才能在不断的斗争交锋中提升自身的公信力和影响力，赢得广大公众的信任和依赖，进而实现红色思想舆论地带在整个社会舆论场始终占据主导的目标。

### （二）坚持以正确导向原则净化舆论空间

习近平总书记指出，新闻舆论工作各个方面、各个环节都要坚持正确舆论导向。各级党报党刊、电台电视台要讲导向，都市类报刊、新媒体也要讲导向；新闻报道要讲导向，副刊、专题节目、广告宣传也要讲导向；时政新闻要讲导向，娱乐类、社会类新闻也要讲导向；国内新闻报道要讲导向，国际新闻报道也要讲导向。[①]因此，巩固壮大主流思想舆论，必须完善坚持正确导向基本原则，通过不断净化网上网下舆论空间，进而激发全社会团结奋进的强大力量。

坚持正确导向基本原则，必须将是否符合“四个有利于”作为最重要最根本的导向，即是否有利于坚持中国共产党领导和我国社会主义制度，是否有利于推动改革发展，是否有利于增进全国各族人民团结，是否有利于维护社会和谐

① 习近平:《坚持正确方向创新方法手段 提高新闻舆论传播力引导力》，《人民日报》2016 年第 2 月 20 日。

稳定。这是判断舆论导向是否正确的根本依据。更为重要的是，坚持正确导向要敢于发扬斗争精神，旗帜鲜明反对和抵制各种错误观点。一是新闻舆论工作要与一切削弱、歪曲、否定中国共产党的领导和社会主义制度的言行作斗争。比如，国内外各种社会思潮尤其是西方新自由主义等思潮及其传播，对我国意识形态安全带来严峻挑战。这需要新闻舆论工作发挥高举旗帜、引领导向的政治性功能和导向作用，同国内外一切妄图弱化、颠覆中国共产党的领导和社会主义制度的言行进行坚决斗争。二是新闻舆论工作要与一切影响国内改革发展的因素作斗争。全面深化改革现在已经进入深水区，好吃的肉都吃掉了，剩下的全是硬骨头，问题复杂、利益交错、矛盾集中，一些改革部署和重大政策措施需要进一步落实。这些都需要新闻舆论工作发挥围绕中心、服务大局的服务性功能和促进作用，做好社会各阶层人民的思想舆论导向工作。三是新闻舆论工作要与一切破坏全国各族人民团结的言行作斗争。伴随着我国交通网络日益发达、网络信息交流日益便捷，各民族之间经济、文化等方面的交流日益频繁。这在激活少数民族地区经济社会发展的同时，也不可避免地会出现一些隔阂乃至摩擦，而互联网时代信息的快速传播也难免带来“小事件引发大影响”的潜在风险。这就需要新闻舆论工作适应新的时代特点，发挥澄清谬误、明辨是非的原则性和思辨作用，敢于斗争、及时发声、澄清真相、正面引导，在舆论宣传上将影响民族团结的风险最小化。四是新闻舆论工作要与一切影响社会和谐稳定的言行作斗争。比如网络电信诈骗、非法网络贷款、网络赌博等网络违法犯罪活动，欺骗性和隐蔽性越来越强，彻底消除的难度越来越大。这也需要新闻舆论工作发挥成风化人、凝心聚力的文化性功能和教育作用，弘扬正风正气，引领社会风尚，引导教化群众。

### （三）加速推动媒体融合发展的步伐

媒体融合的成效，事关主流媒体举旗帜、聚民心、育新人、兴文化、展形象的使命履行，事关完善和发展中国特色社会主义制度、推进国家治理体系和治理能力现代化的目标达成。构建舆论引导新格局，必须加速推动媒体深度融合发展，尽快建成以内容建设为根本、先进技术为支撑、创新管理为保障的全媒体传播体系，确保主流思想舆论的主导地位。

实现网上网下舆论一体发展，必须大力推动媒体融合发展，推进党的领导对各类媒体全覆盖。党的十九大报告指出，坚持党对一切工作的领导。党政军民学，东西南北中，党是领导一切的。[①]作为意识形态工作的重要组成部分，新闻舆论工作也必须坚持党的领导。而党的新闻舆论工作坚持党性原则，最根本的就是坚持党对新闻舆论工作的领导。哪里有舆论，党的阵地就要延伸到哪里；哪里有舆论阵地，党管媒体的原则就要落实在哪里。无论什么形式的媒体，无论网上还是网下，无论大屏还是小屏，都没有法外之地、舆论飞地。因此，不论是传统媒体还是新兴媒体、网上还是网下，不管是主流媒体，还是带有媒体属性的商业平台，坚持党的领导是首要原则也是根本原则。而推动媒体融合是实现党管媒体全覆盖、网上网下舆论一体发展的必由之路。从传统媒体转型目标来看，推动媒体融合的目标是打造全程媒体、全息媒体、全员媒体、全效媒体的“四全”媒体，形成全方位、多层次、融合型的信息生产、信息传播、信息消费全面应用的全媒体。四全媒体的打造过程，就是实现党管媒体全覆盖、网上网下舆论一体发展的过程。从媒体融合体系

---

① 习近平:《决胜全面建成小康社会　夺取新时代中国特色社会主义伟大胜利——在中国共产党第十九次全国代表大会上的报告》，人民出版社 2017 年版，第 20 页。

构建目标来看，推动媒体融合发展，要统筹处理好传统媒体和新兴媒体、中央媒体和地方媒体、主流媒体和商业平台、大众化媒体和专业性媒体的关系，不能搞“一刀切”“一个样”。要形成资源集约、结构合理、差异发展、协同高效的全媒体传播体系。全媒体传播体系的构建过程，就是实现党管媒体全覆盖、网上网下舆论一体发展的过程。

实现国内国际舆论联动协调，必须大力推动媒体融合发展，不断提升国际舆论引导力。首先，要强化提升对外传播的国际议题设置能力。与传统媒体相比较，媒体融合对统筹策划能力要求更高。具体到当前我国舆论传播实际，在对外传播和舆论引导中要着力增强议题设置能力。我国各级各类媒体在对外传播过程中，尤其要围绕“一带一路”“人类命运共同体”“抗击新冠病毒”等具有深刻全球影响力的重要倡议或重大事件设置议题，及时回应国际关切，把我国的对外政策、重大突发事件的应对和反应第一时间向国际社会准确传递，牢牢掌握对外舆论主导权。其次，要牢牢把握内容媒体融合分众化传播的显著特点。在对外传播过程中，媒体需要基于现有的大数据分析技术，对海外用户精准画像，紧紧围绕用户需求生产内容。同时，在构建对外传播话语体系上下功夫，善于运用海外用户乐于接受和易于理解的叙事方式和传播语言，吸引更多的海外用户听得懂、听得进、听得明白，不断提升对外传播效果。再者，要主动适应传播渠道和形式移动化、社交化、可视化的媒体融合发展规律。提升对外舆论引导力，必须坚持移动优先发展策略，将移动端的信息传播作为重要突破口，不断适应移动互联网发展的时代潮流。提升对外舆论引导力，必须加强移动传播平台的社交功能的应用和研发。一方面，媒体机构要借船出海，在国家政策允许的范围内主动入驻 Facebook、Twitter、YouTube 等海外主流社交平台，及时、主动发声，通过其广泛的社会影响力，不断提高自身传播力和舆论引导力。另一方面，媒体机构要自主创新，加速推进海外移动传播平台的研发和应用，着力打造自主可控、具有强大影响力和竞争力的海外传播平台。提升对外舆论引导力，必须将视频尤其是短视频作为重要的产品传播形式。视频具有更强的视觉冲击力、表现力和趣味性，从这个意义上讲，在力求克服语言和文化差异障碍的对外传播过程中，视频较文字具有更强的普适性和传播力，更易引发海外受众的理解和共鸣。2019 年 90 后中国女孩李子柒制作的中国田园生活优质特色视频，在没有过多的文字和旁白的情况下，风靡全球视频网站 YouTube。截至目前，李子柒在 YouTube 拥有的粉丝总量已超 600 万，累计播放超千万，深受海外公众喜爱，在海外的影响力日渐上升。这个成功的对外传播案例也告诉我们，视频尤其是短视频理应成为提升国际舆论引导力的重要载体。

# 第六章　媒体深度融合环境下的对外传播

党的十八大以来，习近平总书记多次强调，要“讲好中国故事，传播好中国声音”。这实际上构成新时代中国对外传播的根本要求。所谓对外传播，即以我为主、由内向外的国际信息传播。它是国际传播的一个维度。顾名思义，国际传播是指“国家与国家之间的信息流动”[①]。自国家诞生之日起，国际传播活动已然出现，并随着国家概念与形态的变化，不断调整其所指与能指。但有一点是肯定的，国际传播是一种包括信息入境与信息出境的双向活动。而对外传播则单指后者。具体而言，就是特定国家或社会集团通过大众传播媒介向其他国家或地区受众进行的跨国传播或全球范围传

---

① 张开、杨光辉、王艳丹:《全球传播学》，中国广播电视出版社 2013 年。

播[①]。西方学者常将对外传播的能力与水平作为衡量一国文化软实力的重要指标。而在中国语境下，由于潜在设定的传播主体，很多文献并未将“对外传播”与“国际传播”两个概念做严格的区分，或者说将“国际传播”等同于“向国际传播”。之所以作如上说明，是为了更好界定对外传播概念，增强研究的科学性准确性。此外，在引入西方传播学之前，我国一直使用“对外宣传”一词指称对外信息传播活动，且有“外宣工作”等约定俗成的说法，尤其是在党和政府的历史文献中十分常见。虽然“对外宣传”和“对外传播”在主体和模式上仍有不同，但就我国实际情况而言，后者由前者演化而来，是对前者的一种时代化表征和学术化处理。在引征文献时，我们将保留“对外宣传”概念，以反映历史全貌，而在理论分析和研究趋势时我们也会将社会的、媒体的“对外传播”纳入考察视角。

## 一、媒体融合与对外传播

习近平总书记指出，宣传思想工作要把握大势，做到因

---

① 刘继南、周积华等:《国际传播与国家形象——国际关系的新视角》，北京广播学院出版社 2002 年。

势而谋、应势而动、顺势而为。对外传播是宣传思想工作的重要组成部分，而所谓的“势”，就是媒体融合。互联网技术的广泛应用带来国际传播格局和舆论生态的颠覆性变革，一方面对我们讲好中国故事、传播优秀文化，向国际社会展示负责任大国形象提出了更高要求，另一方面又在削弱发达国家话语霸权的同时，为我国加快国际传播能力建设和提升国际话语权提供了历史性的机遇[①]。面对全球一张网，我们必须以习近平总书记对外传播重要思想为指导，运用历史与逻辑相统一的方法，科学分析媒体融合环境下我国对外传播面临的机遇与挑战，深刻把握国际传播领域移动化、社交化、可视化发展趋势，在全球化背景下写好媒体融合这篇大文章，不断增强中国故事的传播力和影响力，让更多国外受众听得懂、听得进、听得明白，不断提升对外传播效果。

### （一）新中国成立以来我国对外传播的基本历程

新中国成立伊始，党和政府就十分重视对外传播工作。1949 年 10 月，中央人民政府政务院设立了专门从事对外宣传管理的机构——新闻总署国际新闻局，此后又相继成立

① 匡文波、马茜茜:《媒体融合环境下的对外传播策略——解读习总书记“1 · 25”关于媒体融合的讲话精神》,《对外传播》2019 年第 5 期。

中宣部国际宣传处、对外文化联络委员会等专门机构，统一指导和管理外宣业务，新中国对外传播事业管理体系初步形成。1950 年 1 月，英文版半月刊《人民中国》创刊，这是新中国第一份对外宣传刊物。同年 7 月，第一本面向世界的综合性画报《人民画报》创刊，由毛泽东亲自题写刊名。新华社自 1950 年开始承担对外报道任务，1952 年 9 月，以对外宣传报道为主要业务的国家通讯社——中国新闻社正式成立。到 1966 年 5 月，我国对外传播事业已有了极大发展，逐步形成了一套完整实用的对外宣传原则和方法，在服务外交、报道中国、增进世界了解方面发挥了积极作用[①]。

1978 年党的十一届三中全会召开以后，党和政府更加重视对外传播工作，着手抽调骨干力量重建外宣事业管理体系。1980 年 4 月，中共中央成立了中央对外宣传小组。在其牵头与组织下，全国地方对外对台宣传工作会议和第一次全国对外宣传会议相继召开。1982 年，中央对外宣传小组还首创了新闻发言人制度，极大地推动了我国对外传播事业公开化、常态化和制度化。从改革开放到 20 世纪 90 年代

---

① 蔡鹏举:《新中国前 30 年对外传播的理论与实践》,《新闻传播》2013 年第 5 期。

初，因文革而被迫处于停顿状态的外宣工作得以逐步恢复，以中国国际广播电台为代表的一批对外传播机构得以相继创立，《全国电视对外宣传工作会议纪要》《关于国内外事报道的一般原则》等一批文件的印发使对外传播工作有章可依。更为重要的是，这一时期的对外传播推翻了“以阶级斗争为纲”的错误指导思想，确定了“为我国社会主义现代化建设和祖国统一大业服务，为我国路线、方针、政策服务，为世界和平、各国人民的友谊和人类进步服务”这一根本任务[①]。总的来说，伴随改革开放进程，中国的对外传播由逐步恢复到蓬勃发展，在国际传播领域中渐渐打开了局面。

20 世纪 90 年代初到 2012 年，中国的对外传播步入多元发展阶段。1991 年，中央对外宣传小组在国务院系统挂名，对外称“国务院新闻办公室”，1992 年，中央对外宣传小组又更名为中央对外宣传办公室。至此，我国对外传播领导机构固定下来。伴随着“走出去”战略上升为国家战略，中国在国际社会中扮演的角色发生重大变化，对外传播事业发展进入快车道。1992 年 10 月，央视国际卫星频道（CCTV-4）正式对外开播；1996 年，中国外文局着手组建

① 翟树耀:《对外宣传报道与英语写作》，厦门大学出版社 2001 年。

“中国国际出版集团”；1997 年，中国国际电视总公司成立，对外传播主体日趋多元，传播手段也愈加丰富。从图书、报刊、广播到电影、电视、互联网，从卫星传输、激光照排到即时通信、社交媒体，多元主体横向扩充与传播能力纵向提升相伴进行，具有一定国际影响力的现代对外传播体系加速形成。这一阶段的一个标志性事件是，2009 年 6 月中央印发《2009—2020 年我国重点媒体国际传播力建设总体规划》，明确提出把我国重点媒体国际传播能力建设纳入国家经济社会发展总规划，加快构建覆盖面广、信息丰富、技术先进的现代国际传播体系，形成与我国经济社会发展水平和国际地位相称的媒体国际传播能力[①]。这是我国首次明确将增强国际传播能力作为媒体发展的一项重要战略任务。

党的十八大以来，以习近平同志为核心的党中央高度重视对外传播工作，通过加快推进媒体融合发展，构建全媒体对外传播新格局。2014 年 2 月，中央网络安全和信息化领导小组成立；2014 年 8 月，中央全面深化改革领导小组第四次会议通过了《关于推动传统媒体和新兴媒体融合发展

---

① 程曼丽：《中国对外传播的历史回顾与展望（2009—2017 年）》，《新闻与写作》2017 年 8 期。

的指导意见》；2016年2月，习近平总书记在党的新闻舆论工作座谈会上首次提出着力打造具有较强国际影响的外宣旗舰媒体，同年12月，中国国际电视台（CGTN）成立。2018年3月，中共中央印发了《深化党和国家机构改革方案》，提出“中央电视台、中央人民广播电台、中国国际广播电台建制撤销，对外统一呼号”。“三台合一”形成合力，这是中国对外传播机构与体制建设的又一重要举措[①]。这一时期，政府主导的国际传播更多也开始借助于民间主体的跨文化传播，文化素材更多地嵌入对外传播话语体系中，而对外传播的目标也从上一阶段的“服务现代化建设，向世界说明中国”过渡到“讲好中国故事，传播好中国声音”[②]，其故事性、交互性和文化亲和力显著增强。综上，改革开放以来，中国对外传播事业经历了由小到大、由弱渐强的过程，从政府主导到多元参与，从单向度“宣传”到立体式“传播”，国际传播体系和能力建设加速推进，中国的国际影响力日益增强。

---

① 姜飞、张楠：《中国对外传播的三次浪潮（1978—2019）》，《全球传媒学刊》2019年2期。

② 同上。

### （二）新时代对外传播的指导思想

中国特色社会主义进入新时代，对我国对外传播工作提出了更高要求。习近平总书记深刻把握全球化发展趋势和对外传播工作规律，作出了一系列决策部署，确定了一系列重大方针原则，形成了内容丰富、体系成熟的对外传播系列重要论述。这些论述是习近平新时代中国特色社会主义思想的重要组成部分，与马克思列宁主义、毛泽东思想、邓小平理论、“三个代表”重要思想、科学发展观中的对外传播理论既一脉相承又与时俱进，为新时代做好对外传播工作提供了指导思想和根本遵循。

**坚持马克思主义意识形态指导地位是对外传播的根本前提。**习近平总书记指出：“必须把政治方向摆在第一位，牢牢坚持党性原则，牢牢坚持马克思主义新闻观”[①]。对外传播工作是意识形态工作的重要组成部分，意识形态工作是党的一项极端重要的工作。要想掌握对外传播工作的领导权、主动权、话语权，就必须毫不动摇坚持马克思主义的指导地位，毫不动摇坚持党性和人民性相统一，反映党的意志，体现人民主张。需要指出的是，强调对外传播的意识形态属

① 习近平：《习近平谈治国理政（第 2 卷）》，外文出版社 2017 年。

性，并不与传播内容的客观性和真实性相悖，反而正是因为要通过对外传播纠正意识形态偏见，才需要更好地坚持马克思主义的科学性和人民性，向世界展示一个真实的社会主义中国。

**“传播中华优秀文化，宣介中国发展变化”是对外传播的核心内容**[①]。欲认识今日之中国，必先知昨日之中国。2014年10月，习近平总书记在文艺工作座谈会上指出，中华优秀传统文化是中华民族的精神命脉，是我们在世界文化激荡中站稳脚跟的坚实根基。对外传播中国优秀传统文化，让世界感受东方文明古国的深厚底蕴与文化魅力，既是展现文化自信的重要方式，也是提升文化软实力的重要途径。当今之中国，是传统与现代交融的中国，做好新时代对外传播工作，要客观真实宣介中国发展变化，让世界近距离触摸中国现代化发展的脉搏，在“人类命运共同体”理念指引下，推广中国经验，共享中国智慧。

**“讲好中国故事，传播好中国声音”是对外传播的根本要求**[②]。2018年8月，习近平总书记在全国宣传思想工作会议

① 杨振武：《把握对外传播的时代新要求》，《人民日报》2015年7月1日。
② 同上。

上强调，要推进国际传播能力建设，讲好中国故事、传播好中国声音，向世界展现真实、立体、全面的中国，提高国家文化软实力和中华文化影响力。讲故事是对外传播的重要方式。关于中国故事的内容，习近平总书记指出，要讲好中国特色社会主义的故事，讲好中国梦的故事，讲好中国人的故事，讲好中华优秀文化的故事，讲好中国和平发展的故事。关于讲好故事的方法，他强调，讲故事就是讲事实、讲形象、讲情感、讲道理，讲事实才能说服人，讲形象才能打动人，讲情感才能感染人，讲道理才能影响人。要组织各种精彩、精炼的故事载体，把中国道路、中国理论、中国制度、中国精神、中国力量寓于其中，使人想听爱听，听有所思，听有所得[①]。

**"增信释疑、凝心聚力"是对外传播的最终目的**[②]。中国正日益走近世界舞台中央，迫切需要对外展现立体、真实、全面的中国，世界也越来越期望听到中国声音，看到中国方案。习近平总书记在致中国国际电视台（中国环球电视网）开播的贺信中指出，"当今世界是开放的世界，当今中国是

① 习近平谈"讲好中国故事"，http://www.dangjian.cn/djw2016sy/djw2016syyw/202005/t20200511_5566960.shtml，登陆时间 2020 年 8 月 1 日。

② 杨振武:《把握对外传播的时代新要求》,《人民日报》2015 年 7 月 1 日。

开放的中国。中国和世界的关系正在发生历史性变化，中国需要更好了解世界，世界需要更好了解中国。”只有彼此加深了解，才能破除疑虑、增加互信、凝聚力量、实现共赢。要在对外传播中寻求“最大公约数”，关键是塑造好四种大国形象，即中国历史底蕴深厚、各民族多元一体、文化多样和谐的文明大国形象，政治清明、经济发展、文化繁荣、社会稳定、人民团结、山河秀美的东方大国形象，坚持和平发展、促进共同发展、维护国际公平正义、为人类作出贡献的负责任大国形象，对外更加开放、更加具有亲和力、充满希望、充满活力的社会主义大国形象。通过在国际社会不断宣传和树立四种大国形象，使世界各国不断深化对中国的理性认知，奠定国际合作的思想基础。

### （三）媒体融合环境下我国对外传播面临的挑战与机遇

历经改革开放 40 年的高速发展，中国成为仅次于美国的世界第二大经济体，但我们所处的国际传播环境依然严峻。冷战结束后，国际政治格局发生深刻变化，美国成为超级大国，和平与发展成为新主题。一些国家抓住第三次科技浪潮和经济全球化契机，取得较快发展，新兴经济体迅速崛起，世界呈现多元竞争新局面。然而，美国作为唯一的超级大国，推行新霸权主义，试图建立美国领导的世界秩序。这种世界政治格局上的结构性矛盾，反映到国际传播领域就是一些国家依然固守“冷战思维”，国际话语权争夺仍然激烈。就国际传播能力而言，以美国为代表的西方发达国家几乎掌控了全球国际传播。西方主流媒体在国际传播实力比较中占绝对优势，美国全国广播公司、时代华纳、维亚康姆、迪士尼等西方传媒巨头垄断着世界 90% 的传媒市场，全球每天 80% 的新闻稿都来自美联社、路透社、法新社、合众国际四大通讯社。其中，美国国际传播总体实力独占鳌头，通过报纸、广播、电视、互联网等各类媒体，美国主导着全球新闻传播。

习近平总书记在全国党校工作会议上的讲话中指出，落后就要挨打，贫穷就要挨饿，失语就要挨骂。形象地讲，长期以来，我们党带领人民就是要不断解决“挨打”“挨饿”“挨骂”这三大问题。经过几代人不懈奋斗，前两个问题基本得到解决，但“挨骂”问题还没有得到根本解决。国际上特别是以美国为首的西方国家对中国的误解和偏见始终存在，“妖魔化”中国的现象时有发生，“中国威胁论”“中国崩溃论”等不绝于耳。2020 年 3 月以来，伴随新冠肺炎疫情陆续在欧洲和美国暴发，对疫情损害要求中国承担赔偿责任的论调开始浮出水面。特别是近一段时间，部分美国政客为了推卸抗疫不力的责任，加大了“甩锅”力度，“中国责任论”“中国道歉论”甚嚣尘上。我国所处国际传播环境之严峻可见一斑。

媒体融合加剧了国际传播竞争。世界范围来看，一是以互联网和移动互联网为依托的新兴媒体在国际传播中的影响力与日俱增，已经成为引导国际舆论、塑造国家形象的重要阵地[①]。在互联网领域，全球 100 个访问量最大的网站中约有 80 个来自美国，雅虎、谷歌等都是其最具影响力的国际传播平台。二是国际传播呈现出移动化、社交化、可视化新趋势。在发达国家，移动应用和社交媒体已经成为最主要的信息入口，H5 、数据新闻、网络直播、短视频等以更大的信息承载量和更直观的表达，正成为备受人们喜爱的传递信息、交流互动的新载体。三是媒体智能化进入快速发展阶段，从“人找信息”到“信息找人”，基于大数据、云计算、人工智能等新技术应用，媒体智能化生产和信息精准分发日

---

① 姜飞、彭锦:《以媒体融合促进对外传播能力建设》,《现代传播》2019年第8期。

趋普及。这对我国对外传播能力建设提出了更高要求，但同时也带来新的机遇。媒体融合背景下，对外传播的受众更加广泛，通过互联网和社交媒体等，不仅可以大大提高对外传播速度，更可以有效扩展受众范围、提升影响力。媒体融合打破了传统媒体环境下弱势国家无法有效开展国际传播的局面，任何国家都可以借助融媒体平台传递信息，发出属于自己的声音。以中国日报社为例，通过“深度融合、移动先行”，将一份发行量为 70 万份的英文报纸转型升级为覆盖 2 亿多海内外用户的全媒体传播平台。截至 2018 年 12 月底，中国日报客户端全球下载用户超过 1800 万，用户覆盖超过 140 个国家和地区[①]。近几年的实践已经表明，通过媒体融合实现流程再造、资源优化、多元分发，主流媒体的对外传播能力正在提升。

当然，我们仍要看到，总体而言我国仍未形成与综合国力发展相适配的对外传播能力，由传媒大国向传媒强国发展的道路依然坎坷。具体表现为：在媒体结构上，传统媒体与新兴媒体发展不平衡，传统媒体比较强势，新兴媒体发展不

① 《守正创新 有“融”乃强——党的十八大以来媒体融合发展成就综述》，http://www.xinhuanet.com/politics/2019-01/26/c_1124046980.htm，登陆时间 2019 年 7 月 10 日。

足；在媒体形态上，我国媒体包括主流媒体，还未形成跨国界、跨领域的媒体集团；在资源配置上，对内宣传媒体资源比较丰富，对外宣传媒体资源比较稀缺。内宣力量强，外宣力量仍然较弱。2016 年 2 月，习近平总书记在党的新闻舆论工作座谈会上指出，我国综合国力和国际地位不断提升，国际社会对我国的关注前所未有，但中国在世界上的形象很大程度上仍是“他塑”而非“自塑”，我们在国际上有时还处于有理说不出、说了传不开的境地，存在着信息流进流出的“逆差”、中国真实形象和西方主观印象的“反差”、软实力和硬实力的“落差”。要下大气力加强国际传播能力建设，加快提升中国话语的国际影响力，让全世界都能听到并听清中国声音。

## 二、媒体融合环境下对外传播特点

以互联网为代表的新兴媒体突破了民族国家边界，以得天独厚的优势成为国际传播新载体，从信息闭合转向开放共享，对外传播的影响力由区域扩大到全球。任何一个国家，只要运用好互联网，加速推进媒体融合，不断提升对外传播能力，就能改变“失语”状态，发出并且放大自己的声音。

总起来看，在媒体融合环境下，对外传播的主体、内容、方式等都发生了重要变化。

### （一）主体多元化

与传统媒体相比，新兴媒体互动性更强。长期以来，传统媒体传播的单向性导致对外传播的主体只能是国家（政府）兴办的媒体机构及其专业传播工作者。从内容生产角度说，传统媒体时代对外传播内容来自 PGC（Professionally Generated Content），即专业生产内容。而在媒体融合环境下，新兴媒体改变了传播主体“唯我独尊”的境况，大量传播内容来自 UGC（User Generated Content），即用户生产内容。以互联网为代表的新兴媒体，打破了传者与受者之间的界限，并建立起高效、便捷的信息通道，使信息传播变成人人皆可为，传者可以成为受者，受者也可以变为传者，所有用户都可以通过互联网平台发声，进行信息分享。媒体融合环境下，“我说你听”的单向度传播模式被改变，取而代之的是“多对多”的传播模式。就对外传播而言，一方面多元化的对外传播主体对于以官方和主流媒体为主导的传统对外传播模式及其效果产生了某种削弱作用，特别是外部传播力量借助微博、微信等互联网平台在中国内部传播空间频繁登场，导致对外传播阵地前移。另一方面，多元化主体也增强了我国对外传播的总体力量，除了主流外宣媒体，外事机构特别是广大人民群众都可以借助互联网力量成为对外传播领域的积极参与者。

## （二）对象精准化

媒体融合环境下，受众行为发生巨大变化，一个明显特征在其主动性、活跃度、参与度大大提升。传统媒体时代以“接受”为主要行为特征的受众，已经转变为关注、点赞、评论等反馈活跃的用户。用户行为的记录、用户反馈的聚集，构成了庞大的数据量，形成了可供多维开发的大数据，成为衡量用户需求、实现精准化传播的基础[①]。大数据分析成为媒体融合环境下开展精准对外传播的重要环节。对外传播主体可以通过媒体数据库和信息处理系统对国外主要用户进行锁定，算法技术的应用则有助于应对快速变化的国际舆情，实现第一时间将我国声音精准推送给由互联网连接起来的全球用户。近年来，我国坚持创新对外传播理念和策略，出现了针对不同国别和地区的传播研究及内容生产，体现了

---

① 北京市习近平新时代中国特色社会主义思想研究中心：《媒体融合发展需要把握三种思维》，《光明日报》2019 年 1 月 21 日。

“一国一策、一区一策、一事一策”的精准传播要求，也促进了“大外宣”机制的细化、深入。

### （三）叙事策略化

伴随不断变化的国际传播格局，对外传播也需要不断创新叙事方式和策略。媒体融合环境下，如何解读中国道路、分享中国经验，如何用国际化的视角传播中国文化，更好塑造中国形象，不同的叙事会带来不同的效果。用户接受信息趋向碎片化、扁平化和移动化，也就是说更愿意通过移动终端接受短小精悍、直观形象、能够便捷收取的信息。本质上，媒体融合传播是一种爆发性的传播，按部就班的线性内容生产流程被改变了，传统的文字、图片、音频、视频等元素不是简单叠加，而是融合为一个新的有机整体。因此，对外传播叙事要以视觉化作为基本形态，以社交化作为基本方式，以个性化作为基本手段，通过内容的精准推送，将更加易于接受的信息传播给受众。与此同时，通过强化产品内容的话题性、社交性、分享性，采用丰富多样的制作技巧加工各类信息资源，生产符合国外用户口味的原创媒介内容，满足他们在社交媒体上的沟通需求，调动用户转发分享的自主性和积极性，从而实现内容产品的二次传播与多次传播，扩大对外传播影响力。

### （四）技术智能化

媒体融合环境下，技术成为决定对外传播效果的关键力量。人工智能与大数据的组合，在对外传播渠道拓展和模式创新过程中发挥了不可替代的作用。对外传播主体不仅需要深入了解西方主流媒体在中国问题上的主调，还需要了解国际社交媒体主要关注的议题是什么，与主流媒体议题之间的关联性如何，在此基础上才能制定出有效的对外传播策略。运用大数据技术和人工智能进行内容产品生产，涉及数据挖掘、数据分析与可视化呈现三个基本步骤。其中，通过对数据关联、数据分类、数据演变等进行分析，可以知道哪些议题是西方受众最关心的，同时可以用大数据揭示新闻事件的本质与规律①。此外，在“传播好中国声音”过程中，一方面需要注重时下流行的融媒体手段的灵活运用，另一方面需要有效跨越语言的障碍和文化的隔阂。例如，智能语音与智能识别的创新成果正在悄然改变人际传播的方式和效率，通过人工智能翻译机很好地解决了受众语言障碍，从而能更好地

① 马宁:《人工智能、大数据与对外传播的创新发展》,《对外传播》2018年第10期。

促进跨文化对外传播。

## 三、新媒体环境下的提高对外传播能力的对策

“对外传播能力是国家软实力的重要组成部分，关系到国家利益、国家形象、国家安全和国际地位。”[①]在新媒体环境下，提高对外传播能力既紧迫又重要。

### （一）打造融通中外的话语体系

约瑟夫·奈在《软实力》一书中指出，“软实力是一种依靠吸引力，而非通过威比和利诱的手段来达成目标的能力。这种吸引力源于一个国家的文化、政治理念和政策。当一个国家的政策被视为合理时，其软实力也会相应增强。”[②]对外传播是为国家的对外政策服务的，伴随冷战结束，国际格局发生了深刻改变，全球经济一体化，信息传播全球化趋势加剧。“在全球化、信息化、网络化的背景下，国与国之间在话语权和软实力竞争很大程度上取决于对信息的占有程度和对网络的控制程度”。[③]长期以来，美国和西方国家控制

① 田智辉：《新媒体环境下的对外传播》，中国传媒大学出版社2010年，第69页。

② 约瑟夫·奈：《软实力》，中信出版社2013年，第XII页。

③ 刘上洋：《互联网将打破西方的话语霸权和新闻垄断》，《对外传播》2008年第7期。

了全球百分之九十以上的信息，获得了世界话语霸权地位。大多数发展中国家不能进入西方话语体系，没有话语权，难以传递自己的声音，在对外传播中处于劣势。对外传播的根本出发点是政治考量，也就是说对外政策和经济政策都会作用于对外传播的效果。“两极”格局之后，多种文明多种潮流在交锋中共存，世界更加多元。怎样才能超越意识形态、超越历史、超越社会制度，在不同国家，不同民族之间建立起有效的沟通桥梁，传播中国声音，让世界了解中国，了解中国文化，了解中国理念，了解中国人民为人类文明作出的进步，让中国以外的人能听懂，能接受，就必须要在融通中外上下功夫。

**寻找“最大公约数”**。对外传播具有跨文化、跨国界和跨语言的特征，对外传播面向的受众不仅是国内人，还有国外人。就要把我们的话说给世界，说给外国人，还要让外国人能接受，愿意听是非常具有挑战的，不同的国家，不同的民族，就存在不同的语言，不同的文化。要让不同语言、不同民族的人都能接受，就要求同存异，找到“最大公约数”，这个公约是就是利益交汇点、话语共同点、情感共鸣点。找到公约数并不是迎合外国人，而是要突出中国价值，把我们想讲的和国际社会想听的结合起来，把中国的实际情况和国外受众的接受心理结合起来，把中国的发展理念和世界发展的潮流结合起来，把中国制度、中国理念、和中国文化用世界语言表述出来。只有找到传播者和受众的共鸣，才能实现传播效果最大化，为中国营造良好的舆论环境。

**从“硬传播”到“软传播”。**伴随新媒体的飞速发展，受众接受信息的渠道和方式多元，以往的“硬传播”已经不再适应新的对外传播环境。代替指令式、公文式硬传播的是客观、开放的“软传播”。“硬传播”容易造成受众的逆反心理和国家形象的弱化，而“软传播”采用平民视角，强调挖掘与人民生活息息相关的场景和故事，强调从受众角度出发，尽可能地吸引最大范围的用户，“软传播”侧重传播本国在经济、文化、政治等方面的优越性，从侧面反映国家形象和价值观。淡化对外传播的政治意图，潜移默化地影响受众的价值观。有利于增强对我国形象的认知和认同，“软传播”是新媒体语境下国家形象传播的最佳选择。对外传播中应该内容多元，减少宏大叙事，减少直接宣讲成果的“硬传播”，多一点微观叙事，更多地去关注小故事，关注普通人的生活和命运，以情动人，以理服人，在润物无声中传播价值理念。

当然，并不是说新媒体环境，只能讲讲小道理，发点小感怀，更不是说新媒体环境就必须要媚俗迎合，而是新媒体环境下，要与时俱进，打造融通中外的话语体系。新媒体环境下如何解读我们的制度，如何让外国人了解中国为人类社会作出的贡献，用国际化的视角传播中国传统文化，解读中国和平发展，更好地塑造中国的国家形象，是新媒体环境下做好对外传播需要思考的问题。

### （二）构建对外传播的核心内容

当前，对外传播既面临交流交汇、互通互鉴的广阔空间，又呈现出个性突出、特色鲜明的发展态势。在西方意识形态遏制以及话语霸权、文化霸权的挑战下，我国的对外传播能力正在大幅提高，并且取得了一定的积极成效。但是，我们必须清醒地认识到，中国声音和中国故事的供给还远远不能满足目前国际受众的需求，迫切需要从“供给侧”加强改进。特别是对于对外传播来说，讲故事是传播效果最佳的重要方式之一。中国有很多好故事，也有很多好声音，关键是我们如何讲好、如何实现有效传播。讲好中国故事，让全世界都能听到听懂中国声音，让全世界认识一个全面、真实的中国，关系到国际话语权构建，关系到国家软实力提升。

**生动诠释当代“中国奇迹”的故事。**改革开放以来，我国坚定走具有中国特色社会主义的道路，开辟了一条不同于以往西方国家现代化的成功之路，为世界发展道路提供了多样性版本，这一点已经是国际社会达成的基本共识，并将其视为“中国奇迹”。历史终将会对这一奇迹作出公正的评判，未来的历史学家一定会挥动手中的如椽巨笔，大力描述这一前所未有的中国奇迹。加强对这个“中国奇迹”的生动诠释，就是要加强自信，大力传播具有当代特点的故事，充分展示党中央治国理政的新理念新思想新战略，特别是要讲清楚中国共产党 90 多年的奋斗历程、为什么党的领导地位是历史和人民的选择，让世界了解中国共产党为什么能永葆朝气。同时，还要讲好当代中国经济发展、社会进步的故事，大力宣介中国对世界的贡献也是世界共同发展的推动力，中国与世界彼此需要、彼此促进。

**创造性讲好中华优秀文化的故事。**“只有民族的，才是世界的”。中华传统文化源远流长，蕴含着丰富无穷的智慧和思想，培育出了我们伟大的民族精神，是我们在世界文化激荡中立定脚跟的“定风丹”，也是讲好中国故事的生动素材。我们要对中华传统文化进行系统梳理，坚持创造性继承，深入挖掘中华传统文化的精髓要义，增强其生命力和影响力，特别是讲清楚多种中国优秀传统思想的当代价值与意义。在传播传统文化的基础上，还应该积极介绍当代中国文化的创新发展，突出展现社会主义先进文化，实现中国文化、中国智慧和中国思想的国际化“包装”与表达，让中华优秀文化成为影响世界的精神宝库。

**个性化讲好普通中国人的故事**。有着 14 亿多的人口的中国，每天都上演着不计其数的普通人的精彩故事。一代代中华儿女，经过自己的勤劳、拼搏去实现心中的理想，前有古人，后有来者。每个积极进取的中国人既有共同追求，也有五彩缤纷的个性愿望。千千万万个普通人，为改变个人命运、为实现民族复兴的梦想，勤勤恳恳付出，认认真真做事。他们心中的美好理念，是几千年来中国民族血液里根深蒂固、薪火相传的精神与传统，更是与人类理想中的高尚境界相连相通。他们就在身边，是你的故事，是我的故事，也是他的故事。我们要讲好普通中国人坚忍不拔、顽强拼搏、吃苦耐劳的故事，讲好中国家庭和谐关爱、幸福美满的故事，讲好中国人民与世界人民友好往来的故事。用中国人民奋斗历程和平凡事迹，去影响人、打动人，展示当代中国发展的主流，使中国人的形象更加亲和亲善。

**差异化讲好“一带一路”的故事。**目前国际舆论对“一带一路”的报道评价存在各种声音，我们必须要把自己想要倡导的理念更好地传播出去。“一带一路”经过的许多国家，基本都是多民族、多教派的国家，而且很多当地人并不了解中国的“一带一路”。不同国家、不同受众，迫切需要我们尊重各国各民族文明，用当地人喜闻乐见的方式、熟悉的语言传达出去，讲针对他们国家的故事，做到“一国一策”，尽可能实现差异化传播和精细化传播。特别是有些国家、部分群体对“一带一路”倡议还心存疑虑，在这种情况下，做好沟通和交流、增进彼此之间的理解，让双方都能充分了解对方的实际情况和想法更为重要。

**精心讲好人类命运共同体的故事。**“中国愿同广大成员国、国际组织和机构一道，共同推进构建人类命运共同体的伟大进程”，习近平总书记在联合国日内瓦总部的演讲中如是说。随后，“构建人类命运共同体”理念首次被写入联合国决议中。中国正以负责任大国的担当，承担起擘画构建人类命运共同体的重任。我们要精心提炼中华文化中体现人类共同审美追求和道德情感的基本元素，与习近平总书记近年来提出发展观、安全观、全球治理观、正确义利观交相辉映，积极传播“和平、发展、公平、正义、民主、自由”的全人类共同价值，坚定主张构建新型国际关系，构建开放共赢的“朋友圈”，在全世界努力营造人类命运共同体意识。

### （三）加强议题设置，让世界听中国“说话”

过去西方媒体肆意歪曲报道抹黑我们，而我们处于被动地位，结果总是越解释越说不清楚。要改变这种态势，就需要我们主动发声，主动设置议题，做到既讲出自己的事实和道理，还要把事实和道理有效传播开来。比如，2015 年“复兴路上工作室”推出《十三五之歌》，一时间网页、微博微信等移动终端、Facebook 等平台纷纷转载，《十三五之歌》在网民中红了起来。这个被网民称为“神曲”的新媒体作品中画面运用动漫效果，音乐运用 R&B 的方式呈现，这种生动活泼的形式非常接地气，讲述的是中国政府政策及出台的过程，巧妙地解读了“民主集中制”，破除了西方媒体对中国政治决策的曲解。讲的是制度，却并不生涩，网民直呼“提神、醒脑、长知识”。

《十三五之歌》是通过新媒体平台进行议题设置的一次

尝试。歌词、配图简洁明快，通过不断重复“十三五”这个词，加强受众对这个概念的记忆。这样的设计符合新媒体传播快节奏和简洁性的要求，有效地吸引了受众。我们应该更积极地参与到国际重要事务和重大议题的讨论中，发表自己的观点态度看法，以争取到国际事务的话语主导权。再比如，针对那些故意污蔑的谣言诽谤，我们不能禁言失语，而是要坚决与之斗争，要用真相引导舆论，使谣言不攻自破。这方面的重点是要学会把握设置国际议题的机会，比如2016年的G20杭州峰会就是一个成功的例子。这次G20峰会由中国担任轮值主席国，是一次提高我们国际话语权的重要机会。在开幕式上，媒体对习近平总书记的致辞进行了多语种音频直播，以多种新媒体表达方式对开幕式进行了微直播，并且在多家境外社交媒体平台上呈现出来。众多新媒体开设了峰会专题，主动设置多个议题，打造高端访谈，制作各种专题片和微纪录片，在国外多个主流电视频道和网络平台播出，大力宣传了我国的理念主张，响亮地发出了自己的声音，赢得了海外舆论良好的反响。

可见，科学的设置议题，是主导对外传播话语权，正确引导舆论的主要途径。如何用党的指导思想来设置分散的网络议题，强化议题的影响力和引导力。如何围绕社会热点问题，主动设置议题，是新媒体环境下对外传播的新课题。

### （四）加快培养新媒体人才队伍

随着对外传播主体日益多样化的发展趋势，导致在我们熟悉的传统主流传播主体之外，还出现了各种类别的组织机构以及个人传播主体，形成了一支庞大的对外传播队伍。而传播效果好不好，关键在于人才。对此，我们要做好顶层设计，整合资源力量，充分发挥这支队伍里各个参与主体的积极性和创造性，形成广泛参与、有所作为、各施其能、共同推进的良好局面，使各种群体和组织都成为对外传播的渠道，更多的人参与其中并成为对外传播的一扇窗口。

培养新媒体传播的专业队伍。专业队伍主要是指主流媒体的传播人员，包括优秀的编辑、记者、评论员、主持人、专栏作者、策划创意人员等。要创立一种全新的政府＋媒体＋高校的联合人才培养模式，注重“复合、创新、国际”等基本要求，通过专业培训、实践磨炼、境外深造等途径提高他们的专业技能特别是跨文化传播能力以及国际视野的提高，努力培养一支既精通业务、又熟悉中国和世界情况，还能熟练掌控运用对外传播规律的优秀人才队伍。

**建设沟通内外的交流队伍。**就传播效果而言，来自非官方的推送内容往往更具有春风扑面、润物无声的效果，有助于增进共识和互信。因此要积极支持各类组织、机构、团体、普通公民以及海外华人发挥自身优势和作用，动用一切可以动用的力量。既要重视学术大家、社会名流、名人名家等的力量，也要注重发挥留学生、海外务工人员、出境游客、国际游客、国际网民等个体的作用，鼓励他们个人通过各种新媒体手段传播正能量。要动员一切可以动员的广泛力量，形成传播梯队，做沟通内外的交流代表。

**组建熟悉所在国传播规律的本土化队伍。**本土化是当今国际传媒集团广为运用的方式，中国媒体如何开展全球本土化传播，是一个非常重要的课题。我们必须聘用使用对象国语言工作的本土传播人才，特别是要引进在海外主流媒体工作过的高水平专业人员，才能做到以符合当地语言风格、当地受众乐于接受的传播方式，因人因地制定出不同的传播策略。同时，还要加强与所在国媒体的合作，借助他们人脉资源和专业优势为我方推出的传播节目项目加分，增强传播内容的全球吸引力。

**用好有国际影响力的“借用”队伍。**随着中国对外交流互动日益广泛，手中可资借用的力量也更加丰厚。中国可以积极与国际知名媒体的名嘴、名笔、名评论员、名制作人等开展交流，还要凝聚一批对中国友好、愿意为中国发声的具有国际影响力的知名人士、意见领袖，通过他们把自己想说的话表达出去，做到“借嘴发声”。

# 第七章　媒体深度融合发展存在的问题

随着信息技术的日益成熟，各种形态的新媒体发展迅猛，进而形成了全员媒体、全程媒体、全效媒体、全息媒体的媒体生态格局，各类信息变得无处不在、无所不及、无人不用、无处不达，很大程度上改变了传播方式和舆论生态。在这样的发展趋势下，媒体融合面临着一系列困境，如媒体融合意识缺乏、管理的缺陷以及信息共享的渠道受到不同程度的限制，使融媒体的发展面临着诸多新的挑战。

## 一、理念认识问题

在媒介融合的大势下，必须从理念上弄清楚媒体融合的关键是哪里，如果不能以遵循新闻规律的眼光去把握媒体深度融合发展的方向和趋势，传统媒体没有在顶层设计上做好谋划，从而创新媒体深度融合发展外在形式，必定很难满足广大受众的信息需求。

### （一）对媒体发展规律把握偏差

媒体融合时代带来了新的多元化媒体传播方式，相比较而言传统媒体的传播方式显得较为单一。在生活节奏越来越快的背景下，人们越来越喜欢利用碎片时间来阅读相较简短的新媒体呈现出来的新闻，有的新闻浓缩成了几十秒的短视频，更容易人们接受，媒体内容呈现出越来越轻量化、高频次的特征，这对于很多传统媒体来说是巨大挑战。一是他们无法适应媒体融合时代下的新的媒体传播方式，电子阅读和线上阅读成了主流方式，受众不断被分流，使得发行量、广告投放也被新媒体分流了很多。二是在题材和呈现形式上过于局限，难以摆脱旧的体制和框架的束缚，更无法适应受众的需求，对很多看似优质的内容，并不是新媒体化，“老酒都装不进新瓶”。

究其原因，实际是媒体融合的导向不够明确，对媒体发展的规律并没有从根本上把握住，造成了媒体融合改革的盲目性和低效性，并没有发挥出媒体融合的化学反应。即使进行了媒体的物理合并，但是线上发展困难重重，一些主流媒体在原创内容建设上严重滞后，照搬照抄报纸期刊、广播电视、杂志期刊等内容，甘当“二传手”；一些主流媒体把互联网当渠道、新媒体当副业，把进军网上等同于简单“相加”，在机制建设上止步于在现有采编架构之外单设一个新媒体部门，甚至于在经营管理上方向导向出现偏差，而在融媒体改革内容上仍然存在着内容流于表面、流于形式化等问题，导致改革工作开展不够深入，改革成效不够明显等多种问题。

**（二）对媒体融合形式存在误解**

新技术的快速发展确实不断推动着新闻信息采集与生产、新闻产品形态等呈现出更为多元化与创新性的发展趋势。无人机、人工智能、虚拟现实技术等被广泛运用于国内媒体信息生产与传播机制中，新的新闻信息采集工具与产品形式层出不穷。但无论尝试采用新技术还是单纯地依靠技术，媒体融合均停留在融合表层，形成了“技术加内容”，将形式创新等同于融合创新，因而难以实现更深层次的融合。创新不仅是媒体融合技术领域的必备要素，在内容生产与加工、运行体制、组织架构等方面都需要创新性思维，深化融合。但在这个过程中，单纯依靠技术创新来实现媒体形式的变化，难以维系媒体的长远发展，并逐渐模糊差异化发展战略，呈现出同质化局面。

例如，“中央厨房”的一体化与扁平化信息生产中心在诞生之初，便引发了各界关注，随后从中央到地方的各级媒体纷纷建造自己的“中央厨房”，但一些媒体在建设过程中并没有充分考虑自身的资源状况，对“中央厨房”的内在运行原理研究不深，盲目投入大量资金或人力资源，单纯将“中央厨房”视为媒体融合的标杆和外在形式，反而影响了融合进程。

### （三）对顶层设计认识不足

在传统媒体传播时代，线性的信息传播机制一直都占据主导地位。作为一种单向传播的代表，线性信息传播机制以传播者为主体，层级化明显并呈现出强大把关作用，但同时也具有传播速度慢、传播范围有限等缺陷。而在互联网时代，线性传播机制已经难以适应新的传播环境。“一次采集、多次加工、多端发布”已经成为当下信息生产的主流。媒体融合就是从顶层设计上将这种先进的媒体运行机制进行建构。通过改革体制中影响内容生产与传播、技术应用等诸多方面的问题，实现传统媒体机构与新媒体机构之间的联合发展和多业务层面上的合作。

但在一些传统媒体机构中，媒体机构中的体制多是遵循原有模式，在信息传播机制、人才机制等方面仍旧存在一定问题，同时，难以形成独立的主体，也就难以真正实现体制改革突破，为深化融合的进行构成了巨大阻力。对于新媒体信息仍旧采用以往的审核机制，致使其难以有效占据时效高点，从而使权威媒体不能在第一时间发出声音。在搭建一体化信息生产中心的基础上，破除多层级信息审核机制已经成为当前媒体融合的新要求。

## 二、采编机制问题

媒体融合时代的到来，不仅带来了便捷的技术，也对整个媒体行业的采编工作提出了新的要求，社会信息快速、多样性的传输，让现有采编机制在各个环节还未能适应这种高速变化，更难以把握住信息处理与受众需求趋向之间的协调。

### （一）缺乏原创性，平台发布差距较大

新闻产品内容的创新和形式的变革是相辅相成的，信息时代的变革和互联网的高速发展，改变的不仅仅是新闻的传

播途径和方式，同时也改变了新闻产品。在当前媒体融合进程中，各类型媒体之间的竞争十分激烈，各媒体的信息内容存在有严重的同质化现象，创新能力明显不足，在部分媒体内容中，抄袭模仿现象十分严重，导致新闻或节目内容毫无特点。由于互联网信息更新速度快，网络编辑的专业性欠缺，某些新媒体的传播内容不但缺乏原创，在迎合市场与民众口味的过程中甚至逐渐丧失信息真实性，存在着较大问题。

如在各大媒体的新闻客户端上，原创的新闻内容数量，要远远少于其转载的新闻数量，尤其是对于显眼位置的大时政新闻，基本上都转自新华社或央视等央媒的内容，这就导致了相对严重的同质化现象。针对用户来说，各家的新闻客户端的内容都大同小异，下载一个新闻客户端足以满足对新闻的浏览需求。今日头条等聚合类新闻客户端，正是迎合了这样的用户心理，它们“不生产新闻，只做新闻的搬运工”。依靠技术和大数据分析，为受众提供了个性化、千人千面的新闻。但与此同时，更对传统媒体集团提出重大挑战。

### （二）缺乏灵活性，媒体特点发挥不够

就目前媒介融合现状来讲，虽然已经基本形成了媒介融合的框架，但依然停留在表层，深度和广度都还不够。传

统媒体的主流传播地位其实未受到影响，其新闻采编中的设备价格比较高，而且缺少灵活性，采编流程比较复杂，面对受众规模此消彼长的新形势，一些以纸媒为主体的主流媒体适应性变革滞后，思想认识不到位，存在畏难情绪、闯劲不足、工作推进不深入，甚至以缺技术、缺资金、缺人才为借口，坐着等政策、等资金、等项目。如部分电视媒体，已经形成了一套稳定而独特的新闻生产模式，短期内实现革新是很困难的。目前，我国的融合新闻生产，基本都是预先进行策划，然后电视新闻记者参与到实际生产环节中，依然是做自己最为擅长的部分，而这显然是毫无实际意义的。传统电视媒体难以在管理上赋予记者更多的主动权和自由权，让记者放开手脚去做新闻。

同时，媒体融合内容受限于发布平台的局限性，媒体特点发挥不够，例如，报刊与广播在新闻的报道与采访当中，前者只能通过图片加文字的新闻报道形式来让大众获取新闻资讯，后者只能通过以声音作为传播媒介手段来进行新闻报道，以上这些新闻报道的表现形式和渠道在如今媒体融合的快速发展下部变得太过于枯燥化、单一化，很难让大众再被新闻本身的内容形式所吸引。对于电视而言，虽然是通过有声语言，让画面结合声音的形式来传播报道新闻等消息，对比报刊与广播有一定的优势性，但在现如今固有的新闻报道形式与工作效率上，使得第一时间的新闻线索受到时间、空间、地域、采访、编辑、传输等一系列固有的新闻报道播出形式的影响，大大影响了新闻的时效性，从而很难让观众体会到时效性与互动性当中，这一点与真正的媒体融合，还有相当长的一段路要走。

### （三）缺乏联动性，信息共享渠道有限

传统新闻采编流程比较复杂，采编工作人员首先需要及时掌握新闻线索，然后记者要开展实地采访报道，收集、整理各种信息，完成新闻稿件，最后让负责人重新编排整理稿件，审核新闻报道是否能够满足刊发要求。由此可见传统的新闻采编流程是比较复杂的，但各个环节之间的联系比较密切。北京师范大学新闻与传播学院喻国明教授认为，当下传统媒体的颓势根源在传统传播渠道的“中断”或“失灵”，如何破局解决渠道失灵问题是传媒领域进行互联网转型进程中的第一要务[①]。从媒体传播现状来看，传统媒体的从业人

① 喻国明、弋利佳、梁霄:《传媒“渠道失灵”的困局如何破解:“关系”法则详解——兼论传统媒体转型的路径与关键》,《现代传播》2015 年 11 月（上）。

员只是熟悉传统媒体的工作流程，并不需要利用信息技术进行有效的信息传播与数据分享，在数据共享方面存在较多问题，难以使用信息技术达到媒体融合的信息共享的需求。

目前，一些媒体机构在突发事件中也临时设有类似的多媒体“脑”指挥中心，如一些集团创办了“特别工场”这样的虚拟组织，一旦有突发或重大新闻事件发生，由全媒体新闻中心牵头、其他各种形态媒体临时抽调人员组成，因事而设，事毕即散。但常态下的“脑”指挥中心的建立与健全还有待加强，“脑”指挥中心应该全权统领用户管理、内容管理、线索管理、选题管理、任务管理和数据库管理，并使之一体化运行。但这样的机制仅限于突发事件，常态化的媒体产品生产还停留在讨论和探索阶段。

**（四）缺少互动性，受众意识亟待加强**

媒体融合中，大多数基于传统媒体为主体的机构中，在信息传递方面都会受到一定的限制，依旧要在固定的时间发布信息，采编流程比较落后，新闻节目形式比较固定，很难实现和受众互动。虽然大多数的媒体一直都非常重视这个问题，不过受到平台单向线性传播的制约，改善效果不太理想。在设置专栏的时候观众也很难参与进来，节目制作方很难掌握受众的需求和感受。这样的基础传播方式，也带来了媒体融合式的传播困局，依照这样的媒体生产流程很难与受众产生互动，并且放弃新媒体从受众获取效果反馈的巨大优势。

在前互联网时代，报纸、广播、电视等传统媒体主要通过人工为受众推荐信息；在互联网发展的初期，信息的热门推荐方法得到发展并在一些门户网站大量使用；目前所处的大数据时代，则以个性化算法推荐和信息流展现为主流。早在 2012 年起，算法推荐开始进入新闻分发领域，并进而影响了大众对新闻的获取方式。在宋建武看来，“过去，用户想要满足自己的阅读需求，需要在互联网上搜索，而精准分发出现后，他们可以不再费如此大的力气，就能获得想要看到的东西。”但由于现有技术薄弱，算法推荐仍存在很大不足。在新闻内容的推送上，聚合类新闻客户端都会运用算法进行内容精准自动推送，仅在这一点上传统媒体就很难与那些聚合类新闻客户端进行竞争。

## 三、人才队伍问题

处在融合时代的大环境下，新闻传播正在发生着巨大的改变，在此背景之下，新闻人才的培养必须以全能的复合型为导向，建立相应的人才培养机制，媒体才能抓住转型契机，找准定位，突出个性，实现媒体融合的蜕变。

### （一）吸引跨平台综合采编人员薄弱

媒体发展的基础是人才。媒体融合趋势下，新闻记者不仅要为单一平台工作，而且还要为广播媒体、网络媒体等多种形态媒体服务。前一秒钟可能在新闻现场出镜，而下一秒则可能要给广播电台做连线播报，然后还要给媒体网站上传几张照片或新闻视频。媒体融合的时代语境下，新闻记者这样的工作场景无缝切换将成为常态，因此必须具备超强的新闻敏感性，要不断扩大关注范围，采集图文影音等各种素材，为制作优秀的融合新闻，所有讯息点都是不可错过的，而这无疑对新闻记者提出了更高要求。

但是，现阶段媒体融合新闻生产流程再造的初端还在不断强调“空间融合”[①]，很重要的一个原因是先前媒介机构的记者是“单介质”记者，如广播记者、文字记者、电视记者，先前媒介机构的业务类型又被显著地分成“传统媒体业务”和“新媒体业务”两块，新媒体业务的采写队伍具备了

① 栾轶玫:《融媒体时代新闻生产的流程再造》,《视听界》2010 年第 1 期。

某些新媒体传播的技能，“空间融合”的目的就是让新媒体部门的记者能很好地弥补先前“单介质”记者的技能缺失，从而使新闻报道在呈现上不会受制于记者技能缺失，双方可以联手生产出来媒体融合的多形态内容产品，这有利于一体化的生产中心对这些新闻进行选取、分发。“空间融合”只是“记者全媒体化”前夜过渡时期的一个有效方式，只有整个媒体机构的采写队伍都成为全媒体记者时，媒介融合后的新闻生产就不一定非要局限在一个物理空间里进行，它可以通过互联互通的各类平台有效地分布信息、整合信息。

一些媒体的“中央厨房”建设也陷入一种误区，认为“中央厨房”就必须在硬件上到位，要有一个“大屏”，还要有一个面积很大的“中央办公区”。类似于人民日报社“中央厨房”的那种环绕大屏幕，有 3200 平方米的集中办公区成为“样板房”。实际上很多媒体人认为，“大屏”在很多媒体的实践中都沦为一个仅供参观展示的东西，一些编辑记者就仅仅坐在“中央办公区”办公而已，甚至都没有抬头看一眼[①]。归根结底，硬件的装备并不能从根本上替代理念的更新，从“单介质”的采写部队向“多媒体化”的采写部队平

① 陈国权:《中国媒体“中央厨房”发展报告》,《新闻记者》2018 年第 1 期。

移还需要一段时间。

### （二）推动人才转换激励机制缺乏

近几年来，因为传统媒体的传播优势不再，作为主要盈利渠道的广告收入，更是呈现出连年断崖式下滑的状态，可以说，传统报纸正面临着严峻的生存考验。而传统报纸的成本也在逐年增加，其中包括人员的人力成本、报纸的纸张成本和印刷成本等等。为了减少成本支出，减轻生存压力，不少传统都市类报纸，都纷纷减版提价，以节约成本增加收入。因为版面紧张的客观现实，一些完全可以操作成大型专题报道的新闻题材，不得不进行压缩处理。前景的渺茫带来了人才的流失，传统媒体的思维惯性使现有力量转换的动能不足。

线下线上“两张皮”问题突出严重。传统媒体和新兴媒体不是谁主谁次、谁强谁弱。一些主流媒体网上“强”不起来，主要在于内容建设和融合发展方面的线下线上“两张皮”。在人员“身份”属性、薪酬待遇等方面，尚未寻得根本突破和机制变革，各类人才的积极性、主动性、创造性未能充分迸发和涌流。一些媒体集团经过多年发展，积累了一大批优秀的新闻采编人才，但由于媒体融合起步较晚，全方位融合人才还十分匮乏，特别是在能够打通媒体不用媒体平台的综合型人才奇缺。传统媒体一直采用“行政化”的管理方式，由财政负责媒体的资金支持。但受到市场经济的影响，传统媒体单位开始转向自负盈亏层面，受到融媒体的影响，盈利收入逐步缩水，自身资金实力的不足，使其无法抵御来自融媒体的冲击，在与融媒体抗争的过程中，经济实力不足，造成获取的信息资源有限，技术上的进步也受限，更无法谈及在机制上对现有力量进行转换，适应新的媒体环节和采编流程。

### （三）多渠道培养融媒体力量不足

最近几年来传统纸媒发展速度缓慢，经济状况不景气，待遇相对较低，对年轻人的吸引力不足，很难充实进优秀的融媒体采编力量，整体环境也不利于其成长。传统媒体从业人员老龄化现象日益突出，惯性思维根深蒂固，在短时间内不但很难适应融媒体的工作节奏，在融媒体产品的打造、推送、价值判断以及和读者互动上，也很难在短时间内进行转型。即便是在进行融媒体相关编辑业务时，仍然无法摆脱传统纸媒的思维惯性，用传统的办报理念去处理融媒体的稿件，无法起到新媒体的传播效果，这就造成了恶性循环的怪圈。

同时，传媒人才的能力培养应有与时代发展方向吻合的且较稳定的核心标准。一些高校也在不断进行课程教学的改革来更新人才能力培养，但这一些改革大多流于表面，无疾而终，根本原因是缺少改革的核心杠杆[①]。院校盲目跟风式的能力培养改革，“眉毛胡子一把抓”，偏误地将“融媒体”归为一种大集合，传统的、新式的，原属于各种媒介的能力都统统收罗起来，形成一个大而杂的“能力容器”。内部缺乏层次的梳理划分、系统的搭建统筹，学生在这样模式下的能力培养，会难以分清孰先孰后、孰重孰轻、孰急孰缓、孰硬孰软，平均化地去学习，最终导致什么能力都掌握得不好，难以培养出适应媒体融合实际工作需要的专业人才。例如，当市场突然需要互联网技术人才，课程里就增加网络编程类课程，而缺少计算机基础的学生难以掌握；当市场新媒体发展风头正劲时，又增加新媒体技术类课程，在缺少教材、系统大纲和相应教师的情况下，这类课程只能“挂羊头卖狗肉”。缺少扎实的考察规划，跟风而动的改革反应适得其反，增加课程设置与能力培养的不稳定性。

---

① 雷璐荣:《融媒体时代传媒人才能力培养的思考与实践》,《今传媒》2016年第11期。

# 第八章　当前时期主流媒体深度融合的实践路径研究

“媒体融合”一词最早由麻省理工教授依契·普尔在1983年提出。他认为技术的发展会使从前泾渭分明的传播形态走向融合。这个理论在三十年后互联网新媒体的出现和普及中得到印证——所有传播形态都向数字化靠拢，天生就具备了融合媒体的特质。2014年8月18日，中央颁布了《关于推动传统媒体和新兴媒体融合发展的指导意见》，这一年被称为“中国媒体融合元年”。六年来，主流媒体马不停蹄在融媒体领域进行了不计其数的摸索实践，如今已步入深水区。想要达到媒体深度融合，需要在内容融合、技术融合、资源融合、运营融合、组织融合和人才融合六个方面同时进行。

## 一、内容融合

优质内容是媒体的立身之本。

内容融合意在改变从前“计划经济”式的内容生产流程，以“市场经济”式自媒体内容对原有模式形成扩充，尤其是加强适合互联网、移动互联网阅读的多媒体“软内容”的生产。

这对新时期媒体融合的发展提出了新的要求。我们要认识到，融合发展还是需要回归到传播的核心价值逻辑——“内容为王”和“体验为先”，搭载丰富网络渠道，激活优质内容资源，融入社会关系链条，这样才能实现最有效的传播价值提升。

新媒体传播渠道多元，相反，很多主流媒体的信息技术含量低。目前很多传统媒体也有意识的创办了自己的网站，将其作为传统媒体内容的另一个传播平台而存在，但报刊网台互动往往只停留在表面层面上。一些传媒集团或省会城市拥有不同的传播载体，同一载体中也有不同的传播终端，对同一新闻事件往往出现多家传播内容的同质化。不同终端捷足先登抢先传播的新闻产品，往往都是摘编、转载报纸刊物的过时内容，缺乏原创性。

对于所有媒体而言，先进技术有助于内容更高效地接触、影响用户，而内容本身的受众契合度、优质程度则决定着资金投入与否、技术投入占比以及投入程度等因素。因此，要实现媒体融合发展，开拓媒体的市场属性与商业属性，必须在技术引领下深耕内容，打响品牌的内容影响力。

如今，移动媒体、社交媒体已经成为人们获取信息的首选及主要途径，大众的媒介使用习惯以及消费场景早已发生变化。不可否认的是，大众依然视以报纸、电视为代表的传统媒体为权威可靠的信息来源。然而“低频率使用”已经成为传统主流媒体的普遍困境。用户思维的缺乏使得传统主流媒体的内容产品创新不足，可读性、可听性、可看性差，年轻受众占比低；一味过度依赖、不求变通地应用“一次生成、多次传播”的中央厨房模式生成新媒体内容，又造成内容同质化严重，传播效率降低。

坚持生产有态度、有深度、有温度的原创优质内容，才是传统主流媒体迎接融媒体变革的突破之道。如人民日报一直走在探索媒体融合发展的道路上，至今人民日报微博总粉丝数突破 1 亿，位列中国媒体微博流量之冠；人民日报微信公众号关注人数超过2000万，影响力高居媒体公众号第一；人民日报客户端在主流媒体创办的新闻客户端中处于优势领先地位，每月都能够生成流量过亿的网红爆款产品。

坚持用户思维和互联网思维，创新内容形式，是人民日报成为媒体融合发展典范的重要因素。2019年1月17日的晚上，《啥是佩奇》，一个5分40秒的电影宣传短片，一经发布就迅速在社交媒体上形成病毒式传播，收割流量的同时还极大地带动了相关电影IP股票上涨，短片中钢铁鼓风机的佩奇形象甚至还导致股市的钢铁板块和猪肉板块应声上涨。营销推广固然是短片形成病毒式传播之源，但内容的硬核才是该片真正打动用户之本。临近春节的时间节点、完整、反转的故事情节，细致、原生态的场景构建，层层铺垫、递进的情绪渲染以及走心的内容品质实现了《啥是佩奇》跨年龄、跨地域、跨职业的刷屏奇迹，实现了深挖内容本身价值，直击用户心理的传播裂变。

做出好的内容永远都是媒体人职责所系，而好的内容也决定了媒体所带来的影响力。传统媒体要借助新媒体的技术，革新内容的生产方式，创新生产出适合新媒体平台的产品。或者说，传统媒体要想获得更多受众的青睐，不仅要有高质量内容的保证，还需要有适合新媒体平台的全新融媒体产品，生产出受大众欢迎的内容，推进媒体自身形成信息形态的不断升级。如央视新闻新媒体庆祝新中国成立70周年的直播节目《日出东方》，以专业且独特的视角展现阅兵背后的苦与乐，营造了一个有魅力的场景，在这个场景中，有专业观点、全面视角，意趣相融，符合了社会所流行的传播规律和机理。又如“学习强国”学习平台承担着传递信息、传播知识的任务，内容包括中央精神、党的理论和路线方针政策，涵盖了政治、经济、人物、科技、文化、法律、历史、军事、党史、互联网、国际、十九大时间等多方面知识，目前集纳了88部党章党规、2592条法律法规、2039种可免费阅读的期刊、1902部中华古籍、1000多门公开课、2500多首歌曲、291种戏曲、400多部电影、2.87万幅图片；设立了“宪法法律”“党章党规”“学习文化系列”“学习科学”“学习慕课”“党史学习”“强军兴军”“环球视野”“学习全书”等学习专题；开辟了“边听边学”“中国音乐”“中国戏曲”“学习电视台”等音视频和“镜头里的中国”图片等多种形态；整合了76家中央及各省区市党报党刊、120多家中央及各地卫视广播台、77家可供转载新闻的网站，为广大党员和人民群众在互联网条件下，学理论学知识学文化提供了一个基于传统、顺应时代、着眼前沿的学习平台。

## 二、技术融合

媒体融合（media convergence）是一种信息时代背景下媒介发展的理念，最早由尼古拉斯·尼葛洛庞蒂提出。媒体融合就是一个发展过程，不是终结，是所有媒体全媒体化的过程。媒体融合就是一种手段，不是目的，是通过各种媒体相互融合，最终实现全媒体化的手段。①

技术融合是指充分利用互联网先进的思维方式和技术对原有内容资源进行重新整合，做到以“用户为王”和“互联网 +”（而不是“+ 互联网”），最终形成一体化高效能的解决方案。所谓互联网 +，就是要应用创新、模式创新、颠覆性的重构传统行业，这个过程不会舒服。你不主动自我颠覆就要被别人颠覆。在传统出版的基础上，做个网站再做个两微一端，这是“+ 互联网”，而不是“互联网 +”。基于手机等新媒体传播的应用场景已经成为人们阅读资讯的首选，技

① 《胡正荣：媒体融合到底是个啥玩意？》，http://www.ttacc.net/a/news/2019/0308/55866.html，登陆时间 2019 年 6 月 8 日。

术革新的方向也应该首先考虑互联网和移动应用的需求和体验，使传统出版居于从属或配合地位。基于云技术和大数据的一体化矩阵式多媒体内容管理平台将成为媒体未来融合发展不可缺少的支撑。

在传统的传播过程中，信源（消息的发布者）是产生各类信息的实体，信源给出的符号是不确定的、随机的、有概率性的，这既可能贴合信宿（信息的接受者）的消费心理，也可能与信宿的实际需求背道而驰。

正是人工智能、大数据、云计算、移动互联网、物联网等技术发展，使得信源的传播演变了更智能化、个性化、可控制的存在——智能融合媒体可根据用户的属性、行为、心理、偏好等特征提供几乎零边际成本下的按需定制与一站式服务。

人工智能等技术将革新传统媒体的采访、编辑、写作、评论的流程。如早在 2015 年，腾讯财经开发的写稿机器人 Dreamwriter 就能通过算法逻辑、抓取数据、分析建模，实现 1 秒完成 1 篇新闻稿，专业、准确的数据支撑以及客观、公正的叙述方式极大限度地提高了财经新闻等信息产品的专业性与质量。

算法推送等技术将根据用户画像、匹配相应内容、定点高效传播，改变新兴媒体的内容生产与分发。有研究表明，我们目前所看到的绝大多数内容都是由“智能机器人”所推荐而接受的云计算、大数据等技术将推动新兴媒介产品赢得资本市场。以抖音、今日头条等字节跳动系产品为例，基于数据挖掘，它们可以根据用户特征、环境特征、文章特征三者的匹配程度来进行个性化推荐，推荐的内容不仅涵盖狭义上的新闻，还覆盖购物、音乐、电影、综艺、游戏等更广阔的领域，于是，我们目睹了今日头条成为中国最大的聚合类新闻 APP，抖音成为时下最火的短视频社交应用。

5G 代表着移动通信最尖端、最前沿的发展趋势，它将带来更高的传输速度与更低的流量资费，加快 5G 与媒体融合以及优化 4K 超高清频道等技术引领将为媒体融合提供新的发展契机。

无人机、可穿戴设备和虚拟现实等先进技术及应用将彻底改变媒体行业的生产与传播方式，带来更生动的事件现场，更深层次的内容呈现、更广阔的受众体验……。

然而，这些都还仅仅是技术创新所带来的初级价值。融媒体时代，技术创新必然迎来更精准的内容服务，不仅能探索需求、贴合受众，更能引领需求、生成用户，彻底地改变每个人的生活和工作方式。

## 三、资源融合

资源融合不仅要融合报社各部门之间的资源，还要融合报业集团各单位间以及单位外的社会资源。在新媒体传播环境下，原来的一些非要素性资源变得更有价值，传统媒体争夺入口难度很大，但做好本地化垂直服务大有可为。

### （一）打造集团效应

近年来，主流媒体为改变自身格局，已经大刀阔斧地进行了资源整合，试图改变“小而全”“低而散”“内容重复”的现状。

这些资源整合实践中值得借鉴的主要有两种方式：一种是“内整”，盘活资源。一些传统主流媒体为了摆脱受新媒体冲击可能导致纸质报刊名存实亡的困境，彼此拉开内部资源整合的大幕，纷纷建立一些规模较大的报刊集团。另一种是“借力”，合力制胜。一些业务相近、资源相通、渠道相同的媒体单位，打破孤军作战的单打独斗经营方式和地域、部门限制，跨地区、跨部门组建媒体集团公司，在兼并重组中迈出了坚实的步伐，呈现出良好的发展态势，但依然存在问题。

据资料显示，截至目前，我国已组建 120 多家新闻出版企业集团，49 家涉及新闻出版业务的企业集团成功上市。虽然他们当中一些通过媒体资源整合后规模变大了，但还没有做实做强，存在各自为政、条块分割、相对封闭的体系所造成的思想观念局限，甚至机构臃肿、资源配置低下、结构松散、管理粗放。更有甚者，集团所属单位内部竞争激烈，彼此封锁信息源等。另一方面，资源配置各自为战的情况严重。当前，全国从事舆论宣传的单位主体较多，既有报纸刊物，又有广播电台、电视台、网站等媒体单位，虽各具特色，但也存在资源配置分散，影响着舆论宣传整体层次和品质的提升。有的单位间沟通合作不够深入，虽在一些重大报道选题上能够做到同频共振，但资源不能共享、联合策划较少；一些单位的舆论宣传产品在目标受众、内容生产方面存在交叉重复，造成资源浪费。

“内整”和“借力”的实践探索仍有许多值得借鉴和发展，但要杜绝在较低层次徘徊，提高新闻生产集约化程度，从根本上改变我国媒体传播生态现状。

### （二）打造矩阵效应

面对融媒体发展的新阶段，我们必须坚持传统媒体和新兴媒体优势互补、一体发展原则，大力推进传统媒体和新兴媒体在内容、渠道、平台、经营、管理等方面深度融合。而建立融媒体集团或集群或中心，统筹管理新兴媒体传播终端出口，有利于传统媒体积极主动适应融媒体发展的新理念、新认识、新思维，保持自身的内容为王优势，解决新兴媒体平台分散经营、建设投资较大，传播终端出口较多、纵横交错、相互交叉重叠等问题，避免新闻内容生产重复传播，克服同质化发展的倾向。

通过建立相关规章和合理的组织架构，使新闻产品在集团或集群或中心的不同载体和终端上得到合理分配，由各载体和终端对信息资源进行合理使用，可尽快解决新媒体独立发展、各自为战、技术平台不能共享等问题。

当然，搭建平台，必须打破现有各类媒体资源分散、封闭经营、管理粗放的模式，坚持以大带小、以强带弱，以主流媒体为龙头分别成立融媒体集团，集团下设经过资源整合的互相关联的不同媒介业态，明确各自功能定位，统一规范、集中管理，共同开发共享使用资源，整体壮大报刊台网实力，提升报刊台网传播力、公信力、影响力。要建立一个统一的大编辑、大策划平台，一支强大的媒体融合型编辑记者队伍，一套高效的采编团队之间的协调机制。要重构舆论宣传采编生产流程，升级采编信息系统，建立统一指挥调度的多媒体采编平台，实现新闻信息一次采集、多种生成、多元传播。要加大编辑记者培训的力度，通过短期培训、岗位交流、院校学习等途径，使记者掌握从不同传播载体和终端的角度进行采访、报道的技能。

同时，还要利用大数据和云计算技术推进新闻生产，开发统一的、共享的舆论宣传内容生产大数据库，把报刊台网资源全面整合在一个数据库平台上，优化媒体内容制作、存储、分发流程，实现一条新闻内容生成后立即放入大数据库系统内，报刊台网、微信、微博、手机报、客户端编辑记者都可以同时从后台选择符合自己的新闻产品。

移动传播载体发展迅速，新闻客户端、微博账号、微信公众号、手机报、移动电视、网络电台等不断涌现，形态丰富多样。

目前来看，新闻客户端功能比较完备、信息容量大、方便易用。传统媒体进入移动传播领域，需要关注新闻客户端发展，推动移动媒体建设，形成载体多样、渠道丰富、覆盖广泛的移动传播矩阵。要充分发挥传统媒体的专业采编优势、信息资源优势、媒体品牌优势，强化用户意识，优化使用体验，实现精准推送，最大限度吸引用户。

主抓移动端的开放与传播，开发 APP，适应移动互联网时代人们的主流使用习惯，虽然 APP 也有 PC 版，但是使用频次不高，主要是移动版本在推广使用。

## 四、运营融合

采编分离的概念是对传统媒体商业模式提出，已经不适应矩阵式新媒体发展的需求，运营融合就是要在坚守底线的前提下，让内容的生产、组织和在不同平台介质上的传播更明确为营销服务，为效果服务，而新媒体技术恰恰为效果监测和运营融合提供了大量的功能模块。

当前时期，如何实施媒体平台的运营，第一步可以先实现媒体平台的系统搭建与内容模块建设；第二步通过大数据平台的积累优化统计模块功能，为精准营销与个性化订阅，以及内容管理提供基础；第三步强化运营模块，在广告经营、渠道推广、活动运营、O2O 等方向做深。媒体平台产品的基本闭环成形。

通过媒体平台的建设，打造云操作系统，可以切实把中央提出的媒体融合发展落在实处，取得效果。

云操作系统是国电通公司面向多行业推出的分布式云基础设施产品，依托 Openstack 开源技术进行企业级增强和自主研发，通过对数据中心混合资源（服务器、磁盘阵列、网络设备等物理资源和虚拟机等虚拟资源）的标准化封装和分布式调度，为业务应用提供的 IT 运行环境，实现基础资源的统一管理、弹性调配、灵活交付和自动化运维，推动应用部署从申请设备向申请服务能力的转变，保障企业级云端应用的高效稳定运行。[①]

采用一体化的云平台技术解决方案可以避免重复建设，实现集约化管理，提高效率削减成本。平台化的大数据分布更加科学，可以在实现精准营销、深度开发用户价值的同时，帮助管理者精确统计效果提高业务决策水平和互动用户体验。聚焦移动互联网应用场景，把传统媒体、垂直化新媒体与自媒体在互联网＋的平台上整合到一起，由点带面，昭

① 张丁文、潘建宏、樊家树、刘昶：《基于一体化云平台技术研究》，《科技经济导刊》2018 年第 14 期。

示着未来媒体传播的发展方向。媒体融合的关键是组织架构重塑，而组织架构重塑需要流程再造来推动。媒体平台符合新媒体发展趋势，同时为媒体流程再造提供了现实的技术基础。

## 五、组织融合

组织融合是整个媒体融合的神经中枢，也是媒体转型中的难点。打通原来新媒体部与其他传统业务部门的分隔，打通原来策划采编市场营销的分隔，由扁平管理的独立事业部取代原来的功能部门，不但可以节省人力更提高了效率。

重构采编发网络、再造采编发流程，是媒体深度融合最需要突破的难点，是建设新型主流媒体必须攻克的“腊子口”。

### （一）处理好“统”与“分”的关系

构建适应融媒体生产的采编发网络和采编发流程，首先要正确处理“统”与“分”的关系，精心设置组织架构，形成“一次采集、多种产品、多媒体传播”的工作格局。强调传统媒体和新媒体“融为一体、合而为一”，并不是要求把采编发各环节绝对地“统”起来，当然也不能按媒体属性简单地“分”开来做，报、台、网、微、端各搞一摊。

从实践探索来看，在深度融合过程中，一是传统媒体和新媒体在采编指挥调度、重大选题策划，采访力量、稿件资源方面可以尝试统起来，增强调度指挥能力、一线采写能力、新闻原创能力。二是编辑力量可以有统有分，“分”就是按业务领域分设经济、政治、文化、国际等专业编辑部门；“统”就是改变报网、台网分办的做法，让这些按专业划分的编辑部，既管报纸版面、广播频率、电视频道内容，又领办网站、“两微一端”的频道栏目内容。三是可以按媒体形态分设报、台、网、微、端负责内容总成的总编辑室。具体到每个新闻单位、不同形态媒体，哪些该统、哪些该分，怎么统、怎么分，还要结合实际深入研究、搞好设计。

### （二）分层级构建新型采编发网络

根据“统”“分”结合的思路，新型融媒体采编发网络的基本架构，可以由指挥调度中心、采编发联动平台、采访编辑技术各部门、各媒体总编辑室等方面组成。指挥调度中心是整个采编发网络的核心层，负责全社、全台各类媒体宣传任务统筹、重大选题策划、采编力量指挥。采编发联动平台是常设性的运行机构，也是创新融合机制的重要节点，具体负责对指挥调度中心指令的传达执行和需求反馈。采访、编辑、技术等各部门派代表全天候联合办公，执行指挥调度中心决策，同时根据工作需求随时向上反馈情况，并进行跨部门沟通协调。采访、编辑、技术各部门是整个新型采编发网络的主体部分，主要包括全媒体采访部门、各专业编辑部门和技术支持部门等。全媒体采访部门负责把所有的采访力量整合起来统一调度，各专业编辑部门负责传统媒体的编辑任务以及网、微、端相关频道栏目的内容制作，技术支持部门统筹管理技术研发应用和技术人员调度。各媒体总编辑室按照媒体形态设立，包括报纸或新闻频率频道总编辑室、网站总编辑室、客户端和其他新媒体总编辑室等，主要负责把各专业编辑部门所编辑的内容整合起来，统一设计包装，完成版面栏目总成，统筹刊播管理。这个基本架构是一个原则性设计，不同媒体可根据各自实际情况，创造性地拿出设计方案，分步加以实施。

### （三）创新媒体内部体制机制

构建新型采编发网络，必然要求对新闻单位内部体制机制进行改革。要按照新的业务流程调整机构设置、人员配备，破除采编部门间相互分割、自成一体的藩篱，破除传统媒体、新闻网站和新媒体采编发环节的壁垒，创新内部组织结构，建立采编分离、全媒体生产的运行机制。这项工作有很大难度，要坚决克服畏难情绪，勇于担当、锐意改革，一步一个脚印地把体制机制改革向前推进。

## 六、人才融合

媒体的深度融合最终是人的融合。全媒传播需要全媒人才，媒体核心优势是人才优势。要把全媒人才培养摆在突出位置，采取切实有力举措，加快打造一支数量充足、素质过硬的全媒化集团军。

### （一）着力推动现有人员融合转型

目前，会使“十八般兵器”的全媒人才还属于“特种兵”，很能干但数量少，远不能满足融合发展需要，亟须加快全员融合转型。要通过专题培训、实战演练、业务研讨、观摩交流等方式，重点引导现有人员向全媒记者、全媒编辑、全媒管理人才转型，在观念和技能方面有大的提升。要打通传统媒体和新媒体人才使用通道，推动名记者、名编辑、名评论员、名主持人到新媒体平台上去施展拳脚，开办原创栏目，培育品牌公号，成为传播正能量的“网红”。

### （二）着力抓好后备人才储备培养

现在，国内高校新闻院系基本都开设了新媒体课程，但与融合发展实践结合还不够紧密。要用好部校共建新闻学院、卓越新闻传播人才教育培养计划、高校人才培养基地等平台，专业设置、课程安排、教材编写等各个环节，都要适应媒体深度融合的需要，为新闻战线源源不断地培养输送全媒人才。要促进高校新闻院系与新闻单位的对接交流，强化对媒体融合的前瞻研究、趋势分析、实践总结，为推进深度融合提供学理支持。

### （三）着力完善人才激励机制

推动媒体深度融合，要探索建立与之相适应的激励约束机制，进一步完善用人体制、优化人才环境。要研究设计更加科学合理的考核评价体系、职级晋升制度、薪酬分配办法，吸引凝聚全媒体内容生产、技术研发、经营管理等方面急需的高端人才。在当前情况下，传统媒体和新媒体深度融合以后，用人体制、人员身份不同的问题将更加凸显，要深入研究、妥善解决，逐步实现同岗同责、同工同酬，提升从业人员的事业心归属感。

媒体的深度融合是全方位立体化的融合，深度融合是适应时代传播要求的需要，更是在传播环境急剧变化中掌握舆论主动权和话语权，讲好中国故事、传递主流价值观的需要。媒体不仅是信息的提供者，而且是舆论引导的重要力量，媒体融合的建设要融科技、融媒体，更得融人心。

# 第九章　展望5G时代融媒体景象

在媒体融合发展不断深入推进的过程中，科技所占的分量，所起的作用越来越重，近十年来，移动互联网深刻改变着媒体的生存形态，也给媒体融合带来了新的景象。即将到来的“信息随心至，万物皆可及”的智媒时代，让媒体的发展必须同社会环境变化相匹配，新的社会现象带来新的媒体发展路径。2019年1月25日，中央政治局在人民日报社就全媒体时代和媒体融合发展举行第十二次集体学习时，习近平总书记指出:“移动互联网已经成为信息传播主渠道。随着5G、大数据、云计算、物联网、人工智能等技术不断发展，移动媒体将进入加速发展新阶段。要坚持移动优先策略，建设好自己的移动传播平台”。借助5G，媒体融合的发展路径也将全方位利用云计算、大数据、人工智能等信息与传播新技术，创建多维新兴媒体集群，在新闻内容、表现形式、制作流程和发布手段上与移动互联网融合传播，这意味着媒介系统之间将打破原来的界限，走向共融，共同组建一个更加包容、万物互联的“大生态系统”。

## 一、5G带来的传播特性嬗变

5G，即第五代移动通信技术。2012年，欧盟委员会启动METIS（Mobile and Wireless Communications Enablers for the Twenty-Twenty information Society）项目，正式开始5G应用研究。如果说4G改变媒体环境，那么5G必将改变我们生活，因为相较于4G网络，5G具有网速更快、网络容量更大、延时更短等特点，它将实现“人与人、人与物、物与物之间的连接”，不仅为媒体行业发展注入“强心剂”，也为通信、媒体、制造、医疗、交通等行业带来革命性的改变。

5G将给我们的信息传播带来这样的景观：峰值网络速率达到10Gbps，网络传输速度比4G高出一百倍左右，网络时延只有1毫秒，是4G网络的1/50，满足1000亿量级的网络连接，移动网络耗能量降低至4G网络的1/1000。技术飞跃带来的传播方式和受众体验的全方位提升，让5G时代的媒体传播特性有着与以往任何时代都不同的特点。

### （一）带宽更宽能满足高清化传输

以美国高通公司给出的中值速度计算，5G 网络只需 17 秒即可下载一部标准大小的电影，而 4G 需要 6 分钟。高速率将带来很多新的应用体验，例如 3D 视频、4K 甚至 8K 视频流的实时播放的全面推广。这种数据传输速度在高质量的流媒体视频中尤其引人注目。信息传输的高速率意味着视频语言将很大程度取代文字语言成为社会交流的主要表达形式，直观快捷形象的视听传播将成为吸引注意力的重要手段。内容形式的视听化生产是基于媒体高质量的内容选择而非简单的图文影像编辑，是一种将新闻以“视频流”的形式，将原有终端的内容或版面加以革新，以全新的“视听模式”展现出来。

超高清视频作为未来信息呈现和传播的主要载体，将占到个人消费和行业应用网络流量的绝大部分，为消费升级、行业创新、社会治理提供新场景、新要素、新工具。超高清视频的大流量、高速率、低时延需求与 5G 网络传输特性高度吻合，二者融合应用实践更已先行展开。超高清视频应用正成为现阶段运营商及相关方 5G 商用探索的最大亮点，也有望成为 5G 前期部署的主要应用场景和业务拉动的重要驱动力。

### （二）容量更大展现全方位信息

超高清视频大信息量、大数据流量传输对现有传输网络构成较大挑战。以H.265标准为例，4K视频传输速率一般要求在25Mpbs—40Mbps，具备较好视觉体验的4KHDR则需要达到45Mbps—60Mbps，8K视频传输码率需要更高至100Mbps以上。我国目前尽管100M及其以上光纤宽带普及率超过47%，但用户实际体验带宽远低于这一数字。

5G网络的传输速率将提升100倍，同时时延由4G网络的30—50ms降低至1ms，此外连接数由每平方公里10000个提升到1000000个。由此带来的是数据产生方式发生了实质改变，其增长速度远超4G条件，以自动驾驶场景为例，车联网下一辆车一天产生的数据达到50TB，可想未来几年全球数据量将迎来怎样的增长，根据IDC预测，2025年时全球数据量将达到175ZB。更加普遍的云技术让5G将更多大容量的应用场景成为现实，例如物联网、车联网、智慧城市、智慧家居、智慧电网、智能农牧业、物流实时追踪等。在生产和播出之间连接的信道未来也是5G，并成为5G+4K+AI战略的重要部分。AI是提高生产效率降低输出成本的手段，5G 是连接人和受众之间的信道，而我们包括 8K、VR、MR、AR、XR 等新型的显示技术一定会在不同的场景中逐渐落地。

### （三）延时更短带来浸入式体验

5G 网络将会使时延降到更低，会为更多对时延有极致要求的应用提供生长的土壤。观看媒体视频产品最好的效果就是融入其中，仿佛自己身处于现场，从而产生强烈的共鸣。5G 提供的高速率与低时延，也为内容交互方式的创新提供了更多的可能性，结合触觉装备，沉浸式感官体验将得到进一步升级，沉浸式场景随着广播和电视的发展，想要达到这样的感觉并不是难事。广播产生沉浸式场景，可以让人们在车上就感觉到广播中的环境，随时随地都可以感受到新时代的进步，让人们有良好的体验。在无线电视，移动设备中也可以体验到沉浸式场景，丰富了人们的生活。通过互联网就可以调动不同物体的场景，例如可以更真切地感受到空调的温度、风力，增加人们的体验感。

5G 的高速传输同样能够使新闻实时直播成为现实，并趋于稳定，用户能够直接在新闻客户端上体验新闻现场，感受新闻事件，增强对新闻事件的体验感与在场感。同时，5G

技术能够为虚拟现实VR提供高清的画质，新闻客户端可借助5G技术促进VR视频的生产，带给用户的体验将会进一步完善，也意味着人们能够在新闻事件中获得更好的沉浸体验。受众在家中通过VR体验临场感与沉浸感等。在新中国成立70周年大型庆祝现场，隆重的阅兵仪式吸引着全国人民的目光，中央广播电视总台以“5G+4K+AI”及其融合技术进行了直播活动，展示了空前盛大的国庆盛况。随着搭载5G芯片、支持4K超高清体验的终端设备、终端产品的不断研发、推广和人工智能交互、算法的快速发展，5G将更多地采用到直播中，实现更加移动化、智能化的应用。

## 二、技术迭代给媒体融合的丰富空间

技术与内容之间存在着紧密的联系，每一种传播技术都存在着自身的特点，随之也会带来传播内容的变化，比如报纸时代人们习惯于接收文字信息，电视时代人们习惯于接收图像信息，网络时代人们接受信息的方式多种多样，到Web3.0时代，短视频成为人们接收信息的重要方式。5G技术将使传播手段面临新一轮的革新，技术驱动下的传媒业必然发生深刻变革，媒体融合也将迎来下一个风口，传播方式和受众效果更加值得期待，也为新型主流媒体的建设带来了新机遇，抓住机会，就能推动融合发展向更深层次、更高水平迈进。

**（一）媒体策划呈现出更加中心化**

麦克卢汉提出“媒介是人的延伸”，5G便是通过科技给予感官延伸的平台和技术推动力。5G内容生产质的要求更为突出，以往囿于技术因素，在内容呈现上存在着局限性，5G显然给了内容更直观、具有强烈存在感的呈现方式。这需要生产者跳出原有生产模式，激发活力开发创造力，努力呈现多样化的5G内容产品。

以5G为核心基础的媒体中心，旨在流程再造，形成一体化的生产运营机制，其关键在于将内容产品形式都融入统一流程，一体化策划，一体化制作，快速形成规模效应。所有媒体系统业务的起点都是源于它的核心能力的外部化链接和内部的功能完善，而它的终点是在上升到一个更高级的平台里，同时内部完全收缩成一个很稳定的工具[①]。未来，随着人工智能的学科体系逐步完善，面向未来的智能媒体编辑部

① 汤淼：《5G环境下媒体内容生产传播的挑战》，《现代电视技术》2019年第7期。

也会出现在越来越多媒体的战略布局中，这些“智能+智慧+智库”的智媒体编辑部，将充分把握5G、人工智能、区块链大发展的时代背景，向更复杂的媒体形态发展。在国内，人民网已经形成了多语种、多终端、全媒体、全球化的新媒体矩阵，日常传播覆盖用户超过2.8亿人次。

**（二）媒体素材的利用更加高效**

移动化、社交化、智能化结合，运用H5、VR、小程序、视频社交、智能推送、语音识别和人脸识别搜索等新技术，能够带给用户全新体验。在这其中，平台的交互设计是重要环节，其作用是在内容与用户之间、用户与用户之间建立良好的互动关系。以“人无我有”给予用户全新的使用体验，同时提供“人有我优”的用户体验——打造更简便的交互门槛、实现更快速高效发现、分享用户所需的有价值内容。2016年2月，KT在韩国组委会面前展示了为2018年平昌冬奥会准备的5G技术，KT利用5G推出360度全景VR（360VR）、同步观赛（Sync View）、时间切片（TimeSlice）等典型实感技术，让观众身临其境地观看奥运会，360VR可以让用户360度观看整个赛场，并可从播放画面上选一名运动员跟踪观看。[①] 2019年，CGTN新媒体创新应用新技术，首次通过人工智能技术辅助视频、音频、图文、直播、评论等多种形式报道全国两会内容，第一次搭建了基于网络新媒体的全国两会内容专属频道。在CGTN移动官网推出全媒体交互页面《追梦2019——两会特别报道》，全景式呈现了中国民主、中国道路、中国方案对国际社会的价值。

### （三）媒体后台容量更加扩展

通过5G高带宽、低时延的网络连接到云端，数据新闻可以实现随时随地想播就播、想看就看的革命性效果。而且在4G时代已经发展起来的人工智能、物联网、8K电视等技术，在5G时代将不断优化升级，这也得益于云端数据的强大支撑。

移动用户利用碎片化时间观看视频、甚至跨屏连续观看视频的需求得到满足，应用的有效时间大幅增加，视频在新闻信息传播中的地位越来越重要。面对视频化大潮，对存储的要求就越来越高。因此，很多媒体机构都在成立基于云端

---

① 李睿、刘旭峰、高敏:《5G发展动态与运营商应剥策略，《信息通信技术》2018年第12期。

的“视觉传播中心”，加大音频视频内容生产，内容生产方式由过去的 PGC（专业用户生产）加速向 PGC+UGC（非专业用户生产）+MGC（机器辅助生产）的方向转变。加大资金投入力度，用于视频化和移动化领域的优质内容生产、专业人才扩充、应用技术研发、创意创新扶持、产业空间拓展，通过视觉 + 传播，一方面是要通过云端建设成为各类视觉产品的集散平台，另一方面则是要通过有效传播产生流量价值。

以用户为融合中心打造云直播运营平台，将成为 5G 时代占据媒体融合业务发展的制高点，其覆盖全球的强大数据储备支撑，实现密集式网布的基础。基于云计算、超高清实时编码、大数据分析和人工智能等新兴技术，构建视频内容的生产、协作与分发，通过云直播、云导播、云编辑、云演播厅、短视频、Al 广告等全链条专业智能化产品，为实现媒体融合提供全方位的云直播和短视频能力。中央广播电视总台 4K 超高清技术发展和竖屏视频的体验优势，CGTN 新媒体针对海外社交媒体平台属性和用户阅读体验，创新推出首款竖屏社交视频产品《问中国》，融合用户思维、内容、技术、渠道、运营等传播要素，第一次采用 4K 超高清拍摄和适配 4K 内容的分发技术，创新适配海外高清平台，全球阅读量达 4436 万次。

### （四）场景应用连接更加无缝

5G 网络下的媒体内容应用，具体到媒体用户的时候，所有媒体业务发展的终极战场一定就是场景。时代发展至今，人的时间是碎片化的，带来了场景碎片化，在这种情况下，一定要有非常准确的用户投放匹配技术，一定要把技术、场景从用户的角度去结合，才能推动整个业务的发展。智能媒体终端的泛在化使得场景成为关键要素，公共空间、车空间、家空间，甚至家里的客厅、厨房、卧室……每个不同场景下，用户对媒体的内容及形式需求都将有所不同。最开始所有的 5G 业务系统都定义在家庭的场景，但是未来的场景家庭是私有化的公共空间，如唱吧的那种场景是公有化环境下的一种私有空间，这种新的场景维度的探索也是要去考虑的一个重要维度。在业务发展过程中，有 AI、VR、MR 各种各样的技术，完全重新定义了人们的体验。比如，车空间，驾驶者更多地需要与行车驾驶（比如路况、驾驶技巧、交通法规等）以及行车目的地（天气、吃住行、旅游、限行政策等）相关的信息内容；在家里的厨房，用户更需要与饮食健康、菜谱等相关的信息；在卧室，更需要知识获取、休闲放松类的资讯。传统媒体需要了解不同场景的特殊需求，从而向用户提供精准、适合的内容，发掘特定媒体在不同场景下的应用。

5G驱动的人工智能正在走向模拟、延伸和扩展人的智能。“要探索将人工智能运用在新闻采集、生产、分发、接收、反馈中，全面提高舆论引导能力”，学习算法既包括通过运用人工智能全面提升内容采集、制作、传播精准能力，也包括更积极有效运用人工智能在各领域各行业所自动积存的各种形态数据，从而以更多维度、更客观地反映自然界、社会变化和人本身，提供更多更为精确的、多视角的、引人思考的内容产品，进一步增强传播力和影响力。

## 三、5G的未来我们将面对怎样的媒体生态

媒介生态指在一定社会环境中媒介自身构成要素之间、媒介群落之间、媒介与环境之间的互动共存关系及相对平衡“结构状态”。随着5G时代的到来，不仅仅是网络传输速率的提升，更是人与人之间的联通形式延伸到全媒体、全连接的数字化社会，随着万物互联、物联网、媒介融合等逐渐形

成新的态势以及新的媒体形态产生，5G 将使人与媒介的关系、新媒体传播格局和新媒体生态面临巨大变革，媒体融合发展将进一步走上快车道。以互联网、移动互联网为代表的新媒体将加速万物互联，加速改变媒介信息传播样态和媒介生态环境，进而打造出全移动和全连接的新媒体生态系统。

### （一）在媒体形态上，实现迭代加速

5G 让新闻数据之间的流动升级，受众个体间信息的流动速度、传递量、传递形式都发生了巨大的变革，这也为数据新闻重塑融合媒体提供了巨大机会。5G 时代的可视化数据新闻透过“移动化、可视化、交互化”三驾马车，已经重新定义了媒体生产与传播，重塑了媒体形态。例如，5G 让移动虚拟现实设备的门槛进一步降低，甚至能将 VR 产品借助手机融入生活，VR 和 AR 将作为数据新闻传播的常用途径为更多人所接受。

5G 条件下传统媒体与新媒体将进一步加速融合，媒体资源将进一步互联网化与数字化，线下资源与线上营运进一步整合，新媒体形态、种类及来源进一步多元化。媒介传播将进入智能媒体时代，新媒体传播关系将由人与人之间的联通走向人与物、物与物之间的多元化联通，社交、分享与信

息传播无论是速度还是规模都迅速提升，受众对象的双向性以及体验趋向多向性、泛对象化，将催生出更加繁复的网状化新媒体传播模式。

**（二）在媒体伦理上，形成互利共生**

新媒体生态链将迅速延伸，大数据、云计算与智能化、全媒化、社交化、移动化的新媒体发展将使新媒体形式和新媒体群落进一步扩大，逐步形成“平台、内容、渠道、终端”的新媒体生态系统。互利共生是生态系统中最重要的处理种群间关系及建立生态关系的基本原则。新媒体的种群及生态链将迅速延伸，改变原有的媒体生态体系，促成新媒体生态系统重构。它不仅是一个信息传播媒体，还是带动相关产业融合、升级、创新的综合平台。纵观迄今为止互联网发展的历史，开放连接、协同合作是互联网创造奇迹的根本所在。在万物互联的5G时代，新媒体平台内容生产者和传播者群体多元化，新媒体产品形态和传播途径多样化，互利共生、协同开放代替竞争应成为当前新媒体伦理的特征和价值观，新媒体生态系统中各群落及要素在不同的生态位上要强化开放协作意识，新媒体群落及用户间互联互通、资源共享、开放合作，发挥不同的生态价值，建构出新的媒介生态，并逐步形成一种互利共生的新媒体生态的动态平衡。

### （三）在媒体互联上，达到融创全球

重新审视人与媒介的关系，以人为本构建新媒体生态伦理。麦克卢汉说“媒介即人的延伸”，媒介已经不仅仅是人身体的延伸，更是人心理的延伸。无论传统媒体、新媒体怎样变化，其作为人与人、人与物的联通属性不会变化，人的因素都是传播学意义上最重要的因素。5G 时代，人与新媒体的深度交互参与，媒体与人（用户）日益成为信息传播共同体、价值判断共同体、情感传递共同体，人与媒体的关系构成新媒体生态伦理最基本的关系。5G 技术实现了以前没有关联的虚拟互联网和现实空间网络的融合，也实现了人和技术的和谐统一，人工智能普及应用，加速了技术和人之间的互嵌，更实现了传播的融合，万物互联使得任何终端都可生产、收发信息，因此传受之间、信息内容、传播环境都产生了融合，进而带来社会各子系统的融合，人们的新型社会实践越来越集中在线上，原有的社会系统政治、文化与生活的分工架构无法满足新要求，需要用新的逻辑来重新构建。个人、家庭、组织以及海量的机器设备以数字化、智能化的方式被连接在一起，一切自然物和人工制造物都有可能

成为智能终端，而且可以实现信息的收发与交往互动。无时不在、无处不有的智能化连接，将构建出一个端到端的生态系统，全天候、全媒体、全领域的互联社会形态已经初现模型，并必将成为社会发展的现实。

# 参考文献


［1］罗建波:《从全局高度理解和把握世界百年未有之大变局》,《学习时报》2019年6月7日。

［2］《第46次中国互联网络发展状况统计报告》, http://www.gov.cn/xinwen/2020-09/29/content_5548176.htm，登录时间2020年9月29日。

［3］张文君:《推进媒体从形式融合到实质融合》,《北京日报》2018年11月26日。

［4］本刊编辑部:《媒体融合：用得好是真本事》,《求是》2019年第6期。

［5］双传学:《坚定不移推动媒体融合向纵深发展》,《人民日报》2020年1月21日。

［6］殷陆君:《切实把握媒体融合发展的战略机遇》,《光明日报》2019年3月21日。

［7］黄楚新:《2019县级融媒呈井喷式增长》,《中国新

闻出版广电报》2019 年 12 月 19 日。

[ 8 ] 张丽波:《媒体融合的“势”与“能”》,《红旗文稿》2019 年第 6 期。

[ 9 ] 中共中央文献研究室:《习近平关于全面深化改革论述摘编》, 中央文献出版社 2014 年。

[ 10 ] 新华通讯社课题组:《习近平新闻舆论思想要论》, 新华出版社 2017 年。

[ 11 ] 陈莹:《媒体融合 3 年谈》,《中国出版传媒商报》2017 年 10 月 10 日。

[ 12 ] 喻国明:《互联网是一种高维媒介》,《南方电视学刊》2015 年。

[ 13 ] 王建军:《“互联网 +”时代的媒体融合》, 上海交通大学出版社 2018 年。

[ 14 ] 人民日报社:《深度融合——中国媒体融合发展年度报告(2017—2018)》, 人民日报出版社 2018 年。

[ 15 ] 北京市新闻工作者协会:《中国媒体融合发展报告(2019)》, 社会科学文献出版社 2019 年。

[ 16 ] 程文静:《深刻认识推动媒体融合发展的重要意义》,《理论导报》2019 年 12 月 30 日。

[17] 人民日报评论员:《推动媒体深度融合，做大做强主流舆论》,《人民日报》2019年1月26日。

[18] 程文静:《深刻认识推动媒体融合发展的重要意义》,《光明日报》2019年12月16日。

[19] 卢娟:《“再中心化”——主流媒体融合发展研究》,延边大学出版社2019年。

[20] 付晓光:《互联网思维下的媒体融合》,中国传媒大学出版社2017年。

[21] 任锦鸾、刘丽华、李波、黄锐:《媒体融合与创新》,中国广播影视出版社2017年。

[22] 黄楚新:《新媒体融合与发展》,人民日报出版社2016年。

[23] 程媛媛:《传统媒体视角下的新媒体融合——存在、突破、创新》,《传媒》2017年。

[24]《中共中央关于全面深化改革若干重大问题的决定》,人民出版社2013年。

[25] 张学霞:《习近平关于新闻舆论工作重要论述的发展性与创新性研究》,《西南交通大学学报》2019年。

[26] 赵恒:《习近平媒体融合发展思想研究》,《新疆大

学》2018 年。

[ 27 ] 宋守山:《传媒三十年》，南方日报出版社 2009 年。

[ 28 ]《在乌镇谈全媒体传播，人民日报社社长李宝善提出三个关键判断》,《人民日报》微信公众号 2019 年 10 月 21 日。

[ 29 ] 秦露:《中国媒体融合进程中的技术范式与政治逻辑》,《行政管理改革》2020 年。

[ 30 ] 人民日报社:《深度融合——中国媒体融合发展年度报告（2017—2018）》，人民日报出版社 2018 年。

[ 31 ] 王建军:《“互联网 +”时代的媒体融合》，上海交通大学出版社 2018 年。

[ 32 ] 北京市新闻工作者协会:《中国媒体融合发展报告》，社会科学文献出版社 2019 年。

[ 33 ] 段鹏:《中国主流媒体融合创新研究》，中国传媒大学出版社 2018 年。

[ 34 ] 陈力丹:《马克思主义新闻观教程》，中国人民大学出版社 2019 年。

[ 35 ] 胡怀福、周劲:《王者融归——媒体深度融合 56 个实战案例》，人民日报出版社 2019 年。

[36] 谢新洲:《县级融媒体中心建设理论与实践》，电子工业出版社 2019 年。

[37]（美）菲德勒:《媒介形态变化——认识新媒介》，华夏出版社 2000 年 1 月。

[38]《媒体融合发展，过去一年亮点多．人民日报中央厨房》，http://media.people.com.cn/n1/2018/0912/c40606-30287323.html，登陆时间 2018 年 9 月 12 日。

[39]《新华社发布“MAGIC”智能生产平台》，http://www.xinhuanet.com/zgjx/2018-06/14/c_137252859.htm，登录时间 2018 年 6 月 14。

[40] 习近平:《加快推动媒体融合发展构建全媒体传播格局》，《求是》2019 年第 6 期。

[41]《人民日报、新华社、总台、光明日报融媒成果一览 》，https://www.sohu.com/a/296876219_708049， 登录时间 2019 年 5 月 23 日。

[42]《新华社发布“MAGIC”智能生产平台》，http://www.xinhuanet.com/zgjx/2018-06/14/c_137252859.htm，登陆时间 2018 年 6 月 14 日，

[43]《2020 年 1—11 月 互联网和相关服务业运行情

况》，http://www.gov.cn/shuju/2021-01/05/content_5577005.htm，登录时间 2021 年 1 月 5 日。

[44] 蓝水、熊筝:《后现代社会的文化转向一论詹姆逊的后现代主义文化理论》,《湖北教育学院学报》2005 年第 3 期。

[45]《短视频风口，媒体如何融合转型? 6 位传媒大咖这样说》, http://dy.163.com/v2/article/detail/E1FP2GDV05148SKI.html，登陆时间 2018 年 11 月 20 日。

[46]《郭奔胜：供给正能量短视频是主流媒体的使命和责任》, http://news.hnr.cn/201904/19/31188.html?fm=1，登陆时间 2019 年 4 月 27 日。

[47] 李建波:《主流媒体如何做好网络直播》,《新媒体研究》2017 年第 17 期。

[48] 丁宁:《传统媒体利用短视频及直播方式的研究探析》,《理论观察》2018 年第 8 期。

[49] 习近平:《加快推动媒体融合发展构建全媒体传播格局》,《求是》2019 年第 6 期。

[50]《国务院办公厅关于推进政务新媒体健康有序发展的意见》，2018 年。

[51]《腾讯：2018 年平均每个微信用户关注 2.3 个政务号和 1 个媒体号》，http://www.cs.com.cn/ssgs/gsxw/201901/t20190117_5916545.html，登陆时间 2019 年 10 月 2 日。

[52]《殷陆君：切实把握媒体融合发展的战略机遇》，https://baijiahao.baidu.com/s?id=1628598085817545641&wfr=spider&for=pc，登陆时间 2020 年 10 月 2 日。

[53]《庹震：推进媒体融合发展是时代赋予的重大责任》，http://media.people.com.cn/n1/2017/0819/c120837-29480919.html，登陆时间 2020 年 8 月 1 日。

[54]《互联网新闻采编人员培训教程》，2018 年。

[55] 习近平:《习近平谈治国理政》第二卷，外文出版社 2017 年。

[56]《中国共产党第十九届中央委员会第四次全体会议文件汇编》，人民出版社 2019 年，第 42 页。

[57] 习近平:《决胜全面建成小康社会　夺取新时代中国特色社会主义伟大胜利——在中国共产党第十九次全国代表大会上的报告》，人民出版社 2017 年。

[58] 沈正赋:《舆论宣传・舆论监督・舆论引导：中国

共产党舆论思想发展进路研究》,《新闻与传播评论》2019年第2期。

[59] 习近平:《在全国党校工作会议上的讲话》,《求是》2016年第9期。

[60] 习近平:《胸怀大局把握大势着眼大事努力把宣传思想工作做得更好》,《人民日报》2013年8月21日。

[61] 习近平:《坚持正确方向创新方法手段提高新闻舆论传播力引导力》,《人民日报》2016年第2月20日。

[62] 中共中央文献研究室:《习近平关于社会主义文化建设论述摘编》, 中央文献出版社2017年。

[63] 张开、杨光辉、王艳丹:《全球传播学》, 中国广播电视出版社2013年。

[64] 刘继南、周积华等:《国际传播与国家形象——国际关系的新视角》, 北京广播学院出版社2002年。

[65] 匡文波、马茜茜:《媒体融合环境下的对外传播策略——解读习总书记"1·25"关于媒体融合的讲话精神》,《对外传播》2019年第5期。

[66] 蔡鹏举:《新中国前30年对外传播的理论与实践》,《新闻传播》2013年第5期。

[67] 翟树耀:《对外宣传报道与英语写作》，厦门大学出版社 2001 年。

[68] 程曼丽:《中国对外传播的历史回顾与展望(2009—2017 年)》,《新闻与写作》2017 年第 8 期。

[69] 姜飞、张楠:《中国对外传播的三次浪潮(1978—2019)》,《全球传媒学刊》2019 年第 2 期。

[70] 杨振武:《把握对外传播的时代新要求》,《人民日报》2015 年 07 月 1 日。

[71] 习近平谈“讲好中国故事”，http://www.dangjian.cn/djw2016sy/djw2016syyw/202005/t20200511_5566960.shtml，登陆时间 2020 年 8 月 1 日。

[72] 姜飞、彭锦:《以媒体融合促进对外传播能力建设》,《现代传播》2019 年第 8 期。

[73]《守正创新有“融”乃强——党的十八大以来媒体融合发展成就综述》，http://www.xinhuanet.com/politics/2019-01/26/c_1124046980.htm，登陆时间 2019 年 7 月 10 日。

[74] 北京市习近平新时代中国特色社会主义思想研究中心:《媒体融合发展需要把握三种思维》,《光明日报》

2019 年 1 月 21 日。

[75] 马宁:《人工智能、大数据与对外传播的创新发展》,《对外传播》2018 年第 10 期。

[76] 田智辉:《新媒体环境下的对外传播》,中国传媒大学出版社 2010 年。

[77] 约瑟夫·奈:《软实力》,中信出版社 2013 年。

[78] 刘上洋:《互联网将打破西方的话语霸权和新闻垄断》,《对外传播》2008 年第 7 期。

[79] 喻国明、弋利佳、梁霄:《传媒"渠道失灵"的困局如何破解:"关系"法则详解——兼论传统媒体转型的路径与关键》,《现代传播》2015 年 11 月(上)。

[80] 栾轶玫,《融媒体时代新闻生产的流程再造》,《视听界》2010 年第 1 期。

[81] 陈国权,《中国媒体"中央厨房"发展报告》,《新闻记者》2018 年第 1 期。

[82] 雷璐荣,《融媒体时代传媒人才能力培养的思考与实践》,《今传媒》2016 年第 11 期。

[83]《胡正荣:媒体融合到底是个啥玩意?》,http://www.ttacc.net/a/news/2019/0308/55866.html,登陆时

间 2019 年 6 月 8 日。

[84] 张丁文、潘建宏、樊家树、刘昶,《基于一体化云平台技术研究》,《科技经济导刊》2018 年第 14 期。

[85] 汤淼:《5G 环境下媒体内容生产传播的挑战》,《现代电视技术》2019 年第 7 期。

[86] 李睿、刘旭峰、高敏,《5G 发展动态与运营商应剥策略》,《信息通信技术》2018 年第 12 期。